登门槛效应：
循序渐进的说服定律

刘磊◎主编

黑龙江美术出版社

图书在版编目（CIP）数据

登门槛效应：循序渐进的说服定律 / 刘磊主编 . --哈尔滨：黑龙江美术出版社，2019.5

ISBN 978-7-5593-4944-6

Ⅰ.①登… Ⅱ.①刘… Ⅲ.①说服—语言艺术—通俗读物 Ⅳ.① H019-49

中国版本图书馆 CIP 数据核字（2019）第 091532 号

书　　名 / 登门槛效应：循序渐进的说服定律
DENGMENKAN XIAOYING XUNXUJIANJIN DE SHUOFU DINGLÜ

主　　编 / 刘　磊
责任编辑 / 李文博
出版发行 / 黑龙江美术出版社
地　　址 / 哈尔滨市道里区安定街 225 号
邮政编码 / 150016
发行电话 /（0451）84270524
网　　址 / www.hljmscbs.com
经　　销 / 全国新华书店
印　　刷 / 永清县晔盛亚胶印有限公司
开　　本 / 880mm×1168mm　1 / 32
印　　张 / 7
版　　次 / 2019 年 6 月第 1 版
印　　次 / 2019 年 6 月第 1 次印刷
书　　号 / ISBN 978-7-5593-4944-6
定　　价 / 32.80 元

前　言

中国有句古话："冰冻三尺，非一日之寒。"欧洲也有句古话："罗马不是一天建成的。"其实，这两句话所说明的道理是一样的——任何质的变化，都是量变的结果，而想要形成飞跃，就需要量的积累，否则不能成事。

"欲速则不达"是春秋时期孔子留下的成语，告诉我们这个世界上的事情并不是一蹴而就的，过于性急图快，反而不能达到目的。在我们日常生活的人际交往中，非常有必要警惕"欲速则不达"的情况发生，要注意循序渐进，犹如登门槛时要一级台阶一级台阶地攀登，这样能更容易顺利地登上高处。

人们在学习、生活、工作中普遍地都不愿接受较高较难的要求，因为它费时费力又难以成功；相反，人们却乐于接受较小的、较易完成的要求，在实现了较小的要求后，人们才慢慢地接受较大的要求。在这种情况下，循序渐进不断地提高要求总是比一下子就提出高要求更加容易让人接受。

登门槛效应是针对人们"为了避免认知上的不协调，或想给他人以前后一致的印象"的心理而产生的行之有效的沟通手段，强调因势导利不断在沟通中给予对方传递新的信息，直至自己的想法或要求得到对方的完全赞同。

　　掌握登门槛效应,可以帮助你在沟通中潜移默化地攻克很多困难,一步步完成自己的既定目标,获得成功。在沟通过程中熟练地应用登门槛效应,往往能够让你从对方身上得到出人意料的收获,获取意外收获。

目 录

第一章 你不是在说服他人，就是在被他人说服

解释清楚比什么都重要 …………………………………… 2
说话应力求朴素、简洁而切中要害 ……………………… 6
说的过去并不代表做的开心 ……………………………… 11
谈话是彼此交流感情、增进了解的主要手段 …………… 16
委婉含蓄地表达出自己的本来意愿 ……………………… 21
必要时说一些与实际情况不符的谎言 …………………… 23

第二章 不要把说服变成你一人的独角戏

人们最想从你嘴里听到讲他的故事 ……………………… 28
说服不是争吵，双赢才是关键 …………………………… 34
关注他的需求，支持他的立场 …………………………… 37
让步是为了进一步做铺垫 ………………………………… 40
喜欢自嘲的人更受欢迎 …………………………………… 45
把说话的机会留给别人 …………………………………… 49

第三章 表达清楚才具有说服力

纠正过错要"点到为止" …………………………… 54
批评别人要讲究技巧 ……………………………… 57
委婉真诚地表达想法 ……………………………… 60
批评别人时要"软着陆" …………………………… 64
批评要留有余地 …………………………………… 67
高超的话术能够攻心 ……………………………… 70
面对无理冲撞要以"恶"碰恶 …………………… 73
对不逊之言要恰当应对 …………………………… 76

第四章 找到说服的最佳突破点

说服要有针对性 …………………………………… 80
说服他人必备的要素 ……………………………… 83
中规中矩，在稳中求胜 …………………………… 89
合理的理由是说服的关键 ………………………… 92
说服他人应注意的事项 …………………………… 96
设下"话套"把对方套牢 ………………………… 100
巧用"激将法"来说服 …………………………… 103
处理分歧与对立的黄金准则 ……………………… 106

第五章 做好铺垫工作，说服才能水到渠成

先赞美对方为自己的说服做铺垫 ………………… 110

利用自己的良好印象做文章 …………………… 114
只有放出长线才能钓到大鱼 …………………… 117
在提出自己的要求前先赞美一下对方 ………… 119
做好充分的准备和巧妙的安排 ………………… 121
给对方尊严为自己的说服做铺垫 ……………… 124

第六章　说服过程中的心理策略

说服的过程就是一场心理战 …………………… 128
借助"从众效应" ……………………………… 133
利用权威赢得对方信赖 ………………………… 137
高姿态才能掌握主动 …………………………… 140
先抑后扬才能把控全局 ………………………… 144

第七章　把话说到对方心坎上

别让你的表情出卖你的心理 …………………… 150
彼此沟通，有时言多必失 ……………………… 152
怎样营造轻松的谈判氛围 ……………………… 156
抓住对方的兴趣点出击 ………………………… 159
先动脑子再开口 ………………………………… 163
要句句说到对方心坎上 ………………………… 167
话不在多有理至上 ……………………………… 170
一百句废话也比不上一句妙语 ………………… 174
该严肃时就要严肃 ……………………………… 176

第八章 动之以情，晓之以理的说服方式

以情动人，以理服人 …………………………………… 180
情理结合，才能说服对方 ……………………………… 183
尊重对方其实也是尊重自己 …………………………… 187
话说得太"直"，容易伤人 …………………………… 191
借助"同理心"取得对方的理解 ……………………… 195

第九章 以退为进的说服策略

强势一点也许可以迫使对方让步 ……………………… 200
针对不同的对象说不同的话 …………………………… 203
要抓住对方的命门 ……………………………………… 206
怎样给人留下良好印象 ………………………………… 208
引导对方自己说服自己 ………………………………… 211
怎样巧妙说服对方 ……………………………………… 214

第一章

你不是在说服他人，就是在被他人说服

解释清楚比什么都重要

一位伟人曾经说过:"我这辈子一直在做的事儿,就是说服别人他该做什么,或者说服别人不要做什么。"想要说服别人,最重要的莫过于打动他的心思,让他真心接受你的想法。那么,怎样有效地动摇别人的内心想法,让他改变从而接受你的想法呢?除了坦诚相待以外,聊天时更需要将你的观点表达明白。

一定要清楚,不会有人轻而易举地打破自己的观点接受你的想法,除非你做到了以理服人,将利弊得失表达得很明白。在每一步,你需要用温暖的方式与对方沟通。

动之以情,晓之以理是聊天的根本,更是说服的关键所在。俗话不是这样说嘛:"有理走遍天下,无理寸步难行。"

《战国策》中有一个非常著名的故事,所说的就是说服别人的秘密。战国时,七国争斗不断。赵惠文王去世,赵太后临危受命掌权,却遇到了秦军欺负他们,大举进攻赵国。无奈之下,赵太后只好向同为强国的齐国求援。齐国不愿轻易发兵,便要求赵太后的儿子长安君到齐国做人质，使双方在战后也能交好。但赵太后心疼儿子，不愿将长安君送到那么远的地方。无奈国事为重，赵国不得不求救于齐国，众多赵国大臣纷纷劝说赵太后，却受尽责骂。

面对此情此景，触龙并没有像其他大臣一样，强烈要求赵太后妥协，为国家利益送走亲骨肉。他巧妙地避其锋芒，先说自己年老身体抱恙，借机询问赵太后身体如何，打消赵太后顾虑。接着跟赵太后讲解自己对孩子的疼爱和关心，最后向赵太后阐明利害得失，告诉赵太后，将长安君送往齐国对长安君的好处，希望赵太后能为孩子长远打算。最终，赵太后被触龙说服，高高兴兴地将长安君送往齐国。

聊天技巧太重要了，不过言辞一定要生动，话语才更有趣一些。

说服别人就像下棋一样，说服对象便是你的对手，你要别人采纳你的想法，就需要做到以理服人。一个人坚持自己的观点，绝对有自己的理由，说服者一定要细心体察对方的苦衷：他为什么会有如此想法？我应该怎样让他放弃原有的观点？触龙能够打动赵太后的主要原因，便是让赵太后信服自己，高高兴兴送儿子去秦国，关键在于他步步诱导，站在客观事实的角度，情理交融才打动了赵太后。

还有一件事情，电影《周恩来》大家都不陌生，作为我国知名工笔画画家的郑小娟曾在电影中饰演邓颖超，从而深受影迷喜爱。不过刚开始，没有演艺经验的她并不愿接受电影制片方的邀请,是在她丈夫的说服下才答应出演电影。

作为知名画家的郑小娟气质非常好,被导演一眼就看上了,认定是扮演邓颖超的最佳人选。不过郑小娟的心中却犯起嘀咕,自己从未接受过正规表演训练,还是挑大梁扮演女主人公,便以身体不好为借口拒绝了。执着的导演辗转找到郑小娟家进一步劝说,他的决心打动了郑小娟的丈夫。郑小娟的丈夫接受了导演的好意,强烈支持郑小娟出演电影。

当郑小娟得知她先生自作主张后,非常怪罪丈夫自行主张。她的丈夫好言相劝:"我希望你出演这部电影是有充足理由的。首先,虽说你并没有参加过表演培训,但电影是放大的艺术,你也是搞艺术的,一定有相似之处。只要你刻苦学习,肯定不会有问题。其次,很多人一辈子也没有这样的好机会,你可以趁着拍戏了解一下不同行业。再者说来,你天天在家作画,思路难免受到限制,出去开阔一下眼界,有助你美术方面的发展。最重要的一点是,这是伟大领袖周总理的事儿,怎么能因为有困难就拒绝呢!"

想要说服他人,就必须在"理由"上下功夫,给别人一个"无法回绝的理由",自然大功告成。郑小娟的先生之所以能说服郑小娟,和他的充分理由和周到思量是分不开的。用充分的理由摆事实,讲道理,让他人从你的言语中领悟到正确的理念,从而接受你的想法,按照你的想法行事。

说服经常出现在我们的生活中。在与他人打交道的过程中,我们不是在说服他人,就是在被他人说服。在工作中,我们需要说服上级和下属；在生活中，我们需要说服好友亲朋；在社交场合，我们甚至需要说服那些形形色色的陌生人。

说服并非仅是简单的闲谈，也不是花言巧语就可以做到的。它需要说服者拥有较强的反应能力，掌控谈话的方向，捕捉对方的心理脉络，让对方根据自己的思维模式思考问题。

大海航行中需要指南针指明前路方向，说话也需要有一定的思维逻辑。而说服，更需要正确的逻辑做指引，才能有条不紊地了解对方的心理活动，将自己的想法种到对方的心里。混乱的逻辑会失去说服力。想要达到说服的目的，必须周密论证以使对方正确了解。

倘若你是营销人员，需要在展销会上销售一件普遍不受重视的产品。你该怎样组织语言，让别人对你信服呢？最有效的说服他人的方法，就是在展销会上提供有针对性的材料，而不是主观地一味吆喝。尽管数字看起来是无聊的，但是最有说服力。可靠的证据让人心里踏实，也是打消他人疑虑的最有效的途径。

说话应力求朴素、简洁而切中要害

语言简洁,指的是语言表达要简明扼要,言简意赅,且简中求难。古人云,"立片言以居要",说的就是这个道理。"言简而意丰,言简而意准,言简而意新",即要能用最少的文字表现最丰富的内容。"惜字如金",有时还是非常有必要的!以下几点建议有助于我们在讲话时做到言简意赅,切中要害。

言不在多,应力求平凡、朴素、简洁

人们常问,如何才能更好地表达出自己真实的思想和感情呢?简单地说,就是平凡、朴素、简洁。

最会说话的人,是语言简洁明了的人。语言的精髓,在精而不在多。口才最差的人,往往可能就是那些喋喋不休的人,说了一大堆,也没有说出主旨,反而还认为自己很棒。事实上,要真正地将自己的话说得高效,就必须让自己的语言简练,要能在最短的时间内让对方明白你所说的意思。

在剑桥大学的一次毕业典礼上,整个大礼堂里坐着上万名学生。他们在等待伟人丘吉尔的到来。在随从的陪同下,丘吉尔准时到达,并慢慢地走入会场,走向讲台。

站在讲台上,丘吉尔脱下他的大衣递给随从,接着摘下帽子,默默地注视着台下的观众。一分钟后,丘吉尔才缓缓地说出了一句话:"永远不要放弃!"

说完这句话,丘吉尔穿上了大衣,戴上帽子,离开了会场。整个会场鸦雀无声,顷刻间掌声雷动。

这是丘吉尔一生中最后一次演讲,也是最精彩的一次演讲。他仅仅用了几个字,就将自己要演讲的内容说了出来。

在与别人交谈时,我们其实只要能抓住关键点不放,将主要的意思说到,就能达到我们所要的效果了。

无论我们平时和什么样的人说话,都要让对方在最短的时间内明白你的意思,要让对方被你说服,就必须找出问题的关键点。"言不在多,达意则灵",讲话简练有力,才能使人兴味不减。

长话要会短说

令人讨厌的人,说话常常语速快且健谈,说起来没完没了;一句接着一句,一段接着一段;尽其所能,连气都不喘。听者自然也没有了喘气之机,好像面对一条泛滥的河流,总也望不到尽头。如果换作你是听者,你能受得了这样的谈话吗?

抓住要点,长话短说,才是赢得听众喜欢的一件法宝,也是一种说话的谋略。

德国著名诗人和戏剧家贝托尔特·布莱希特也讨厌那些冗长单调而又没有多大效果的会议。

一次，有人请他参加一个作家的聚会，并让他致开幕词。布莱希特公务缠身，不想参加，便委婉地拒绝了。哪知，举办人并不罢休，他们想尽一切办法，直至布莱希特无可奈何地答应为止。

开会那天，布莱希特准时到会，悄悄地坐在最后一排。主办人看到后，把他请到了主席台就座。一开始，主办人讲了一通很长却没有什么实际内容的贺词，向到会者表示欢迎，然后，激动地高声宣布：

"现在，有请布莱希特先生为我们这次大会致开幕词。"

布莱希特站了起来，快步走向演讲的桌子前。到会的记者们赶紧掏出笔和小本子，照相机也"咔嚓咔嚓"响个不停。不过，布莱希特却让某些人失望了，他只讲了一句话：

"我宣布，会议现在开始。"

马克思的女儿燕妮，有一次请教当时德国一位著名的历史学家，问他能否将古今的历史缩写成一本简明的小册子。教授笑着答道："不必。"他接着说："其实只需用四句谚语，就能概括古今的历史：当上帝要某人灭亡的时候，往往先让其有炙人的权势；时间就是一个巨大的筛子，最终会淘去一切历史的沉渣；蜜蜂盗花，但结果反而使那些花开得更盛，妩媚迷人；暗透了便望得见星光。"

从上面的故事中我们可以看出，长话短说才是说话交谈中的最佳方法。在谈话时，最重要的就是说出你要谈论的主题，其余的客套话尽量少说或不说，这样你的听众才不会感到心烦意乱。

当然，长话短说也须针对特定的对象。假如对方跟你并不是很熟悉，而你一上来就直奔主题，势必让人感到很唐突，效果也不会达到最佳状态。

一般说来，针对那些跟自己关系比较熟识的人，或者是在一些比较正式的场合，如商业谈判、会场、报告演讲等，如果能做到抓住要点，一针见血，没有那么多冗长的废话，就一定会很快吸引听众，使他们迅速地进入主题；而一味长篇大论，结果肯定会不得要领。

一定要追求通俗明快

简洁的语言一般都很通俗明快，如果追求辞藻的华丽、句式的工整，则必然显得拖沓冗长。1936年10月19日，邹韬奋先生在公祭鲁迅先生大会上，只做了一句话的演讲："今天天色不早，就用一句话来纪念先生：许多人是不战而屈，鲁迅先生是战而不屈。"可谓简洁之中见通俗，通俗之中显真情。

要使自己的语言简洁洗练，就要使自己的语言"少而准""简而丰"，重要的是要培养自己分析问题的能力，要学会透过事物的表面现象，把握事物的本质特征，并善于综合概括。在这个基础上形成的交流语言，才能准确、精辟，有力度，有魅力。同时还应尽可能多掌握一些词汇。福楼拜曾告诫人们：任何事物都只有一个名词来称呼,只有一个动词标志它的动作,只有一个形容词来形容它。如果讲话者词汇贫乏,说话时即使搜肠刮肚,也绝不会有精彩的谈吐。此外,会"删繁就简"也是培养说话简洁明快的一种有效方法,古代有一首"制鼓歌",原文16个字:"紧蒙鼓皮,密钉钉子,天晴落雨,一样声音。"后来有人将其压缩为12个字:"紧蒙皮,密密钉,晴落雨,一样音。"更有大胆者将其删后留下8个字:"紧蒙,密钉,晴雨,同音。"从意义上说,这8个字与20个字相比,丝毫不比原意逊色。

需要一提的是,简洁绝非"苟简",为简而简,以简代精。简洁要从实际效果出发,简得适当,恰到好处。否则,硬是掐头去尾,只能捉襟见肘,挂一漏万,得不偿失。应予承认,任何事物都具有两重性。简短的语言有时很难将其相当复杂的思想感情十分清晰地表达出来。与人交往,过简的语言则有碍于相互间的了解,有碍于心灵的沟通。同时,简短也是相对的,不是绝对的。邹韬奋先生在公祭鲁迅先生的大会上只讲了一句话,短得无法再短,而恩格斯在马克思墓前的演说长达15分钟,却也是世所公认的短小精悍的演讲。总之,简短应以精当为前提,该繁则繁,能简则简。

说得过去并不代表做得开心

在生活中,每个人的态度立场不同,在聊天和交流中发生争辩在所难免。不过为说服对方,双方就争得伤了和气,也是没有必要这样的。

退一步说,盲目的争辩只会让双方更为坚定心中的想法,越来越针锋相对,最终可能谁都无法说服另一方,反而成了大仇人。即使在争辩中你胜利了,也可能伤了对方的心,让人心里不痛快。

所以,"说得过去",未必就"做得开心"。怎么理解呢?你说服了对方同意自己的想法,也未必能让他开心地配合你,贯彻你的思路。

现实中这种情况是很多的,人们嘴上服了你,行动中却对你充满了怨恨。

美国著名心理学家布斯博士曾经进行过"人们在争辩中的心理变化"的专项研究。他用录音机记录下社会中很多行业人士之间的争吵和辩论，并收集了近一万条案例的录音。这些案例中，包括了老师和家长的争辩，推销员与买方的争辩，老板与员工的争辩，妻子和丈夫的争辩，甚至专业辩手、政客的辩论，应有尽有。

布斯博士对这些录音进行分析比对，得出了一个令人惊讶的观点：

那些职业的辩手、优秀的政治家，这些精英人士的意见在辩论中被接受的成功率反而不如底层社会的走卒商贩。

是什么原因导致这样的结论呢？随着调查的深入，布斯博士发现，那些职业的辩手、优秀的政治家说服他人的手段千变万化不离其宗，都是为了找出对方的破绽进行打击，从而证明自己观点的高明，是为了结果的胜利。而那些走街串巷的推销员或小商人所做的，只是尽力找出一个观点证明自己产品的优秀，从而让对方真心地接受。

找出对方话题中的弱点进行反击，看似聪明，实则使自己陷入了针锋相对的争辩，为了说服而说服，让对方更不容易接受自己的观点。美国著名的成功学大师卡耐基曾说过这样的话："在这个世界上，只有一个办法能从争辩中获得好处——那就是远离它。"

这世上，从来没有一个人喜欢自己的观点被别人反对。每个人都希望自己的观点得到大众的认可。不过，发表自己的观点容易，接受别人的观点却很难，有几个人能时时刻刻地敞开心扉、虚心接受别人批评呢？

这不仅仅是敞开心扉的问题，不同人的生长环境、人生原则、价值观念、立场态度不尽相同。哪怕是最普遍的饮食口味，南方和北方都会有豆腐脑的甜咸之争。这些岂是几句争辩就能改变的？在平时的聊天中我们也能发现，凡是涉及这些话题，人们总是争个不停，无法统一认识。

当你与他人发生争辩时，如果更多地从自己的角度出发，用自己不周全的想法与对方对峙，哪怕力度再强，气势再盛，对方也不会被你说服。相反，人们还很可能反感你的自大狂妄。他们也会采取与你相似的办法，极力地讲述和捍卫自己的观点，和你争辩起来。

这是一场没有赢的一方，只有两败俱伤的纷争。假如对话的两个人非要一争高下，结果就是两败俱伤。

沟通本身是为了交流观点，增进彼此之间的感情。谁也不希望在聊天中被对方打击到自信，伤害到情绪。所以，一个会聊天的人，不会因为争辩某个观点而伤害双方的感情。

有这样一件事情：两只小兔子争论彼此的观点，其中黑兔子认为水萝卜是最好吃的萝卜，而白兔子认为青萝卜是最好吃的萝卜。两只兔子谁也说服不了谁，便找到大家都信服的老兔子评理。没想到老兔子却表示："我吃了这么多年的萝卜，发现明明是胡萝卜最好吃。"三只兔子你一言我一语，争论得不可开交，最后也没有辩出个所以然来。

我们从这个事件中会发现，非要争个高低是面对不同意见时人们最常见的反应，也是最不恰当的一个反应。兴奋过激的表现往往让人更加冲动，反而无法使事情得到合理解决，达不成共识。其实，生活中有很多说服的案例就像这三只兔子的争论一样，彼此没有是非和对错之分，只是各自的立场角度不同而已，根本没有必要针锋相对。

产生不同的意见后，很多人第一时间想的便是如何去说服对方："你必须同意我的意见，否则……"每个人都在走极端。但有没有想过，或许对方并不需要你的说服，同意你的立场呢？特别是在你表达立场时，一味地采取争论的态度，不仅不会让你显得舌绽莲花，反而会给人留下一种自大狂妄、不能容人的印象。

如果你争论失败了，对方不仅觉得你思想不够成熟，还可能认为你是一个咄咄逼人的家伙。如果你争论取胜了，也无法让对方心服口服。或许他今日赞同了你的观点，但心中满是不快，改日一有机会就找你开战。这实在不利于关系的维护，这样的对话也是完全没必要的。

为了争论而争论，不能解决任何问题，却能让人徒增愤怒，伤害感情。所以，如果不是在某件事上非要辩出一个高低，或者涉及重大的是非问题，就没必要标新立异，去为难他人和自己。在争论中不会产生赢家，有一方哪怕表面上似乎占了上风，实际上也不会取得最后的胜利。从本质上来说，争得一个理，你却可能输了情。

就像我们大家所熟悉的，说服不是争论，更不需要吵架。当我们与他人的意见不统一时，难免会需要费点儿心思，说服对方。这种情况比比皆是，任何人都有这方面的需求。但被说服者不是你的敌人和对手。我们应该将对方看成是平等的伙伴，将你认为正确且有利于他的想法平和地表现出来，让他在最短的时间内理解和认同。

换句话说，说服的目的首先是争取对方的理解，其次才是认同。很多人喜欢跟人争辩，嘴巴就像一把刀子。因为争辩后的成功能够带来心理上的成就感和满足感，但它不是十分有效的手段。在说服的过程中采用功利性的辩论技巧，更有可能激发对方的逆反心理，反而更不容易说服他。

人都是感情动物，你给他人微笑，对方自然会还你微笑；你给他人冰霜，对方自然会还你冰霜。

这是普遍存在的一种心理，也是人的本性决定的。说服式的聊天，是让对方心甘情愿地接受我们的想法，而不仅是点头同意就可以了。

这样看来，你就不仅仅是简单地用嘴去说，用理去辩，更需要"走心"——用情感叩开对方的心扉，了解和理解对方的内心世界，了解和理解对方的所思、所想和所需。在对话过程中，既要维护对方的尊严，也要满足对方的虚荣心，这样才能在说服的过程中既"说得过去"，又"做得开心"。

谈话是彼此交流感情、增进了解的主要手段

谈话是人们交流感情、增进了解的主要手段。在人际交往中,中国人讲究"听其言,观其行",把谈话作为考察人品的一个重要标准。因此,在社交活动中,谈话中说的一方和听的一方都理应好自为之。必要的原则不可不了解,不可不遵守。尤其是下面这些:

尊重他人

谈话是一门艺术,谈话者的态度和语气极为重要。有人谈起话来滔滔不绝,容不得其他人插嘴,把别人都当成了自己的学生;有人为显示自己的伶牙俐齿,总是喜欢用夸张的语气来谈话,甚至不惜危言耸听;有人以自己为中心,完全不顾他人的喜怒哀乐,一天到晚谈的只有自己。这些人给人的只是傲慢、放肆、自私的印象。谈了半天话,倒不如不谈,因为他们不懂得尊重别人。

谈吐文明

在谈话中一些细小的地方，也应当体现对他人的尊重。谈话中不能使用粗话和黑话，有人认为一说出那些不洁的词语，便会缩小同他人的距离；殊不知，这样做只会显示出自己的格调不高。

谈话中使用外语和方言，需要顾及谈话的对象以及在场的其他人。假如有人听不懂，那就最好别用。不然，就会使他人感到是故意卖弄学问或有意不让他听懂。与许多人一起谈话，不要突然对其中的某一个人窃窃私语，凑到他耳边小声说话更不允许。如果确有必要提醒他注意脸上的饭粒或松开的裤扣，那就应该请他到一边去谈。

当谈话者超过三人时，应不时同其他所有的人都谈上几句话。不要搞"酒逢知己千杯少，话不投机半句多"而冷落了某个人。

谈话中的目光与体态是颇有门道的。谈话时目光应保持平视，仰视显得谦卑，俯视显得傲慢，均应当避免。谈话中应用眼睛轻松柔和地注视对方的眼睛，但不要眼睛瞪得老大，或直愣愣地盯住别人不放。

以适当的动作加重谈话的语气是必要的，但某些不尊重别人的举动不应当出现。例如揉眼睛，伸懒腰，挖耳朵，摆弄手指，活动手腕，用手指向他人的鼻尖，双手插在衣袋里，看手表，玩弄纽扣，抱着膝盖摇晃……这些举动都会使人感到心不在焉，傲慢无礼。

懂得谦让

有人谈话得理不让人，天生喜欢抬杠，有人则专好打破砂锅问到底，没有什么是不敢谈、不敢问的。这样做都是失礼的。在谈话时要温文尔雅，不要恶语伤人，讽刺谩骂，高声辩论，纠缠不休。试问，在这种情况下即使自己占了上风，却因此失去了朋友，这值得吗？

话题适宜

谈话时要注意自己的气量，当你选择的话题过于专业，或众人对之不感兴趣，或对自己的宠物小猫、小狗介绍得过多了的时候，听者如面露厌倦之意，应立即止住，而不宜我行我素。当有人出面反驳自己时，不要恼羞成怒，而应心平气和地与之讨论。发现对方有意寻衅滋事时，则可对之不予理睬。

不论生人熟人，如在一起相聚，都要尽可能谈上几句话。遇到有人想同自己谈话，可主动与之交谈。如谈话中一度冷场，应设法使谈话继续下去。

在谈话过程中因故急需退场，应向在场者说明原因，并致歉意，不要一走了之。

善于聆听

谈话中不可能总处在"说"的位置上，只有善于聆听，才能真正做到有效地双向交流。

听别人谈话要全神贯注，不可东张西望，或显出不耐烦的表情。应当表现出对他人谈话内容的兴趣,而不必介意其他无关大局的地方——例如,对方浓重的乡音或读错的某字。

听别人谈话就要让别人把话讲完,不要在他讲得正起劲的时候,突然去打断他。假如打算对别人的谈话加以补充或发表意见,也要等到最后。有人在别人刚刚一张嘴的时候,就喜欢抢白和挑剔对方。人家说明天可能下雨,他偏说那也未必。人家谈起《乱世佳人》确实是部出色的影片,他却说这部影片糟糕透了。这种"常有理"的人实在太浅薄了。

在聆听中积极反馈是必要的,适时地点头、微笑或简单重复一下对方谈话的要点,是令双方都感到愉快的事情。适当地赞美也是需要的。

参加他人正在进行的谈话,应征得同意,不要悄悄地凑上前去旁听。有事要找正在谈话的人,也应立于一旁,当他谈完之后再去找他。若在场的人欢迎自己参加其谈话,则不必推辞。在谈话中不应当作永远的听众,一言不发与自吹自擂都同样是走极端,会令众人扫兴的。

以礼待人

谈话不必刻意追求"语不惊人死不休"的轰动效应,以礼待人、善解人意才是最重要的。一个人在谈话中,如果对待上级或下级、长辈或晚辈、女士或男士、外国人或中国人,都能够一视同仁,给予同样的尊重,才是一个有教养的人。

适当赞美

适当的赞美,必然会赢得人家的好感。无论小孩、大人乃至老人，都喜欢人家赞美；不过，赞美必须得体，否则流于谄媚，不但会引起人家的反感，且会让人怀疑谄媚者的动机。而被对方赞美的时候，切不可喜形于色，须反应得体。如人家赞美你的衣服说"好漂亮"，你切不可答以："那是进口的，很贵哟。"得体的回答是："多谢你的赞美。"因为喜形于色，刻意夸耀，说不定会给人难堪。

委婉含蓄地表达出自己的本来意愿

孙犁在《荷花淀》中有这样一段描写妇女的语言:"女人们到底还是有些藕断丝连。过了两天,四个青年妇女聚在水生家里来,大家商量:'听说他们还在这里没走。我不拖尾巴,可是忘下了一件衣服''我有句要紧的话要和他说''我本来不想去,可是俺婆婆非要叫我再去看看——有什么看头啊!'"

这几个青年妇女的丈夫都参军走了,她们的共同心理就是很想念自己的丈夫,都很想去驻地探望一下。但是,因为害羞,不好当着众人的面直接说出自己的想法,就各自都找了一个借口来表达本意,好像到驻地去的理由都是很充分的,非去不可。这就委婉含蓄地表达出了自己的本来意愿。

这就是曲径通幽的妙用——也就是对话时不直截了当,而是从侧面切入,暗中点明自己要说的话的主要含义。将话说在明处,而含义却藏在话的暗处。

一个单位的职员到领导家求领导帮忙办事,领导夫人热情招待，很有礼貌地端果倒茶。这位职员办完事后，竟然在领导家与领导高谈阔论起来。天色已经很晚了，领导的孩子还要早点休息，领导夫人也很疲倦了。但是，客人此时说得正酣，也不好直接请客人出门，怎么办呢？

领导夫人便到厨房收拾了一下家务，然后回到房间对丈夫说："人家这么晚来找你，你快点给人家想个办法，别让人家总这样等着。"然后又对客人说："您再喝杯茶吧。"

这位职员听到领导夫人的话，很知趣地听出了领导夫人的弦外之音，马上告辞了。

领导夫人将自己的意思曲折地表达出来，既尊重了客人，不至于让客人难看，又不需直接说出自己的想法。表面看她是在为客人说话，为客人帮忙，但实际却在传达另一个含义。这种因情因势的表达，语言得体，又达到了自己的目的。

在我们的正常理解中，说话本应准确、清楚，但在语言的实际运用中，许多话是不必说得过于清楚的。具有一定的含蓄性，反而能让语言表达更有魅力。

总之，在日常交流中，说话不一定要直来直去，委婉含蓄的表达，不仅让人接受，还可深得人心。

必要时说一些与实际情况不符的谎言

谎言在人际交往中几乎是不可缺少的。有些人宣布自己从来不说谎言,这句话本身就一定是谎言。任何一个人获悉亲戚病重或朋友遭难,就会说一些与实际情况完全不符的谎言。从这个意义上讲,世界上没有不说谎言的人。

因此,诚实要看什么时间、什么地点、面对什么人、讲述什么事情。俗话说:"适当的谎言是权宜之计。"由此可知,在某些场合还是有说谎的必要的,这种例子,随处可见。有时,谎言不一定全是坏话。人与人相处是没有绝对诚实的,有时谎言和假象更能促进友情和爱情。

雨果的不朽名著《悲惨世界》里那个主人公冉·阿让本是一个勤劳、正直、善良的人,但穷困潦倒,度日艰难。为了不让家人挨饿,迫于无奈,他偷了一个面包,被当场抓获,判定为"贼",锒铛入狱。

出狱后,他到处找不到工作,饱受世俗的冷落与耻笑。从此,他真的成了一个贼,顺手牵羊,偷鸡摸狗。警察一直都在追踪他,想方设法要拿到他犯罪的证据,把他再次送进监狱,他却一次又一次逃脱了。

在一个风雪交加的夜晚,他饥寒交迫,昏倒在路上,被一个好心的神父救起。神父把他带回教堂,但他却在神父睡着后,把神父房间里的所有银器席卷一空。因为他已认定自己是坏人,就应干坏事。不料,在逃跑途中,被警察逮个正着,这次可谓人赃俱获。

当警察押着冉·阿让到教堂,让神父辨认失窃物品时,阿让绝望地想:"完了,这一辈子只能在监狱里度过了!"不料,神父却温和地对警察说:"这些银器是我送给他的。他走得太急,还有一件更名贵的银烛台忘了拿,我这就去取来!"

阿让的心灵受到了巨大的震撼。警察走后,神父对阿让说:"过去的就让它过去,重新开始吧!"

从此,阿让洗心革面,重新做人。他搬到一个新地方,努力工作,积极上进。后来,他成功了,毕生都在救济穷人,做了大量对社会有益的事情。

人生的道路不平坦,逆境常多于顺境。身处逆境,面对不幸,当事者不仅需要坚强,也迫切需要别人的劝慰。而此时,及时送上真诚的安慰,必要时说上几句谎言,也都如雪中送炭,能给不幸者以温暖、光明和力量。例如,对于身患绝症的病人,只能把病情如实告诉其家属;而对其本人,则应重病轻说。如果谎言唤起了他对生活的热爱,增强了他对病魔斗争的意志,就有可能使其生命延续得更长久，甚至战胜死神。

善良的谎言，其用心当然也是善良的，即为了减轻不幸者的精神痛苦，帮助其重振生活的勇气。即使此人以后明白了真相，也只会感激，不会埋怨。即使当时半信半疑，甚至明知是谎话，通情达理者仍会感到温暖、宽慰。明知会加重对方的精神痛苦，但仍要实言相告，如不算坏话，也该算是蠢话。

必须指出的是，善良的谎言，不是信口开河的欺骗，而是要把握一定的规则的。

1. 尽量不欺骗别人。当人无法表露自己的真实意图时，就选择一种模糊不清的语言来表达真实。例如，一位女孩穿着新买的时装，问朋友是否漂亮。但朋友觉得实在难看时，就可以模糊作假。回答说："还好。""还好"是一个什么概念，是不太好或是还可以？这就是谎言中的真实。它区别于违心而发的奉承和谄媚。

2. 合情合理。合情合理是谎言得以存在的重要前提，许多谎言明显是与事实不符的。但因为它合乎情理，因而也同样能体现人们的善良、爱心和美好。经常有这样的问题：妻子患了不治之症不久将要死去，丈夫为此极感颓丧。他应该让妻子知道病情吗？大多数专家认为：丈夫不应该把事情的真相告诉她，也不应该向她流露痛苦的表情，以增加她的负担，应该使妻子在生命的最后一刻尽可能快活。当一位丈夫忍受着即将到来的永别时，他那与实情不符的安慰反而会带给人们以心灵的震撼和感动，因为在这里，谎言包含了无限艰难的克制。

3. 迫不得已才说谎。也就是必须说谎时才能考虑。这种必须有时候是出于礼仪。例如，当一个人应邀去参加庆祝活动前遇到了不愉快的事情时，他必须把悲伤和恼怒掩盖起来，带着笑意投入到欢乐的场合。这种掩盖是为了礼仪的需要，怎能加以指责？

如果是为了个人的利益而欺骗别人，无论如何都是不能被别人原谅和接受的，也是在任何时候我们都不应该做的。

第二章

不要把说服变成你一人的独角戏

人们最想从你嘴里听到讲他的故事

聊天的根本是沟通,你一言我一语才是有沟通的交流,彼此交流才能增加了解和产生感情。一次成功的聊天,如同一场高质量的接力赛,聊天中的每个人都是接力赛中重要的一环。我们不仅要做好接棒员,还要在交棒时不出差错。当棒握在自己手中时,要全力以赴地向前冲刺。当棒交到他人手上时,要真心实意地给予鼓励。

若你把聊天变成了自己一个人的独角戏,就算你把自己的故事讲得绘声绘色,手舞足蹈,把自己感动得泪流满面,也不见得有人愿意为你叫好。因为别人未必对你的故事这么感兴趣。所以,一个真正的聊天高手,不仅讲自己的故事,更多的时候,应该站在对方的角度,讲述他们的故事。这样人们才愿意听。

愉快的聊天需要考虑他人的感受

一个人热爱表达,固然没有错。但更为重要的是,我们应该学会适当地表达，而不是肆无忌惮地唾沫横飞，在两个人的对话中只讲自己的故事，倾诉自己的心情。

聊天时只聊自己想说的，不给别人说话的机会，对别人的工作和生活视若无睹，也不考虑别人的感受，别人难免就会对你心生不满。

我的一位同学李子月和她的朋友芳芳本是形影不离的闺蜜。她们一同上课，一同逛街，一同旅游。大学毕业后，由于工作原因，李子月必须经常到外地工作。但她们会利用微信交流，偶尔也通电话。原本女孩子间互相谈谈自己的情感生活是一件有意思的事，但芳芳每次上网聊天时都会仔仔细细地讲述最近工作中有什么问题，又交了几个男朋友，并哭诉分手的伤心事后，便跟李子月说我很忙，又急忙下线了。

李子月万般无奈，毕竟自己也有事希望和好朋友分享。她不止一次地向其他朋友抱怨："芳芳每次都自顾自地说完自己的事就跑了。她只说不听，也不给机会让我说点儿什么，真是一点儿都不关心我！"久而久之，李子月就不愿意再找芳芳聊天。再过了几个月，两个人的感情就从闺蜜变成了陌生人。

在亲近的朋友之间，聊天是一件格外敏感的事。因为亲近，反而极容易忽视对方的心情。你什么时候打电话都用一副腔调高谈阔论，讲述你自己的故事，对方碍于情面也不好意思说什么。毕竟都是熟人，但不满就是不满。一个人可以压抑，也可以伪装，但那只是素养的体现，这并不代表他对此不介意。

相反，这种对于沟通方式的不满是每个人绕不过去的无形存在。他觉得你不是一个好的聊天对象，甚至不是一个称职的朋友。当一个人心里埋下不满的种子时，不见得会对所有人都透露出去，但并不代表你可以忽略掉他的这种情绪。因为种子一旦埋下，就会发芽，长大。所以一个懂得聊天的人，绝不会自顾自地夸夸其谈，而不顾及对方的情绪。

过度炫耀会疏远身边人

香港经典电影《大话西游》大家都不陌生，影片中的唐僧说话让人听着心烦，原因就是他不停地讲述自己的想法，而从来不会考虑别人是否愿意听。他最常说的一句话就是：

你想要啊？你想要的话你就说嘛。你不说我怎么知道你想要呢。你想要的话我会给你的。你想要我怎么可能不给你呢？不可能你想要我不给你，你不想要我却偏给你……

相同的意思唐僧数十遍地说，别人不需要的东西他还是坚持不停地说，实在是令人无法插嘴。遇到这样的聊天对象，连插嘴都插不上，难怪至尊宝要使用暴力狠狠地制止他。在我们的身边，一个最令人讨厌的聊天对象就是这个样子的。

我的一位朋友留学回国后，工作几经波折，去过世界超级大企业，也进过稳定的事业单位，最后经人推荐进了一家规模较小的商业公司，准备大干一场。由于留学经历的优势，他深受部门领导的器重，因此自信心也有了前所未有的膨胀。

工作的闲暇之余，他有事没事就和同事们讲述自己昔日在外企工作的经历，在很多大公司他都是部门骨干。如今，因为自己的留学经历又是多么受到领导的重视，自己的作用对公司多么重要等。另外，他也不止一次地炫耀自己在国外的见闻。在平常的工作沟通中，他总是时不时地夹杂英语和同事交流，甚至和朋友打电话也要故意用英语聊天。几乎没有一次交流是不对自己的经历进行极度炫耀的。

他的工作能力是挺高的说，是商务沟通专家，还有很强的业务规划能力。起初，领导和同事对他十分仰仗和尊重。但久而久之，同事们对他过分的自满感到厌烦，开始逐渐远离他。单位的领导渐渐也认为他不过只是外语水平高，在其他方面还需要向老员工学习，比如人际交流，他的所作所为很容易影响同事之间的关系；屡次夸大以前公司的待遇条件，也让领导对他心生嫌隙。为此，领导旁敲侧击地跟他讲，希望他不要影响办公室的工作气氛，与同事保持友好的关系。

这时，同事和领导对他的不满让他逐渐意识到了自己的问题，他这才发现自己在公司里已经"臭名远扬"了。他后悔地说："一味地图嘴快活或为了享受别人欣赏的眼光，而过分地夸赞自己的经历，我不仅伤害到了别人的自尊心，还让我的人际关系出现了问题。"

他的教训为我们敲响了警钟，聊天时不能只图自己快活，更要顾及身边人的内心诉求。否则，你将因为口无遮拦和"一言堂"式的自我炫耀付出应有的代价。

不要单口相声，要讲讲对方的故事

那么，怎样才能让聊天不成为你自己的"单口相声"呢？下面几点在聊天时你应该多加注意：

首先，不要一味地考虑自己。

聊天是两个人的事，所以刻意也好，无意也罢，我们都应需要了解对方的实际情况，并且是积极主动地了解。比如工作如何，学业怎样？恋情进展中有什么甜蜜的细节和迷茫的烦恼？有什么需要出谋划策的问题？有没有值得骄傲的经历？鼓励对方也说一说，这样能大幅度地增进彼此的沟通交流。

即便我们不了解对方的情况，也应在适当的情况下问问对方：从事什么职业，是哪里人，喜欢吃什么，平日里有哪些爱好，等等。绝大多数人都能接受这种问题，还能产生一种受到重视的感觉。鼓励对方介绍和讲述自己的经历，能增进好感，也增加了进一步深入了解的可能性。

其次，要给别人一个倾诉的机会。

聊天不是演讲，当然不是一个人滔滔不绝的艺术。在社交场合中与人聊天，不仅需要你健谈，更需要让别人也打开他们的话匣子。

世界著名记者麦凯逊说："不肯留神去听别人说话，是不受人欢迎的第一表现。"每个人都有发表自己想法的欲望。如果几个人坐在一起，其中 A 说个不停，难免会让其他的人嘴里痒痒。

每个人在对话的参与中都是很重要的成员，都要参与到交流中，不然怎么能形成有效的沟通呢？在很多时候，倾诉者进行倾诉的目的就是为了抒发他内心的想法，或许他们并没有更多的目的，也并不需要你给予任何建议——你只需要做好聆听就可以了。唯有尽可能多地给他人说话的机会，才会更加了解对方。要知道，每个人都是一个领域内的专家，知道很多你所不知道的事情。多听别人说，你所了解和懂得的知识也会更多。

最后，不要随便打断别人的话。

在他人说话时随意地打断或者抢话，是十分无礼和冒犯的表现。但在日常生活中我们很可能经常遇到这样的人。他们只热衷于交谈，并不善于倾听。在别人阐述自己的想法时，他们总会打断别人，急不可耐地插话进来，高谈阔论地阐述他的观点。

随便打断别人的讲话，是一种以自我为中心的聊天方式。常打断别人讲话的人很难不让人心烦。久而久之，大家都不愿与其交流，他也就成了聊天的杀手。因此，在任何时候都不要随便打断别人的讲话——哪怕他是在诽谤你，也要先听他讲完，再有理有据地逐条进行反驳。

说服不是争吵，双赢才是关键

生活中，我们会常常看到这样一个现象：一个逻辑思维特别强的人在试图说服一个人时，他总会先指出自己的观点是正确的，对方的观点是错误的，然后再将自己的观点一条条罗列出来，理由也说得头头是道，可最后却不能将人说服；一个逻辑思维不强的人在试图说服一个人时，从不会指出对与错，总会说些与话题不相关的话，道理也是模棱两可，但令人不可思议的是，最后能将人说服。

其实，很多事情并没有对错之分，很多问题都没有一个标准答案，关键看你站在什么样的角度去看待事情，思考问题。我们在说服一个人时，不需要将你的说服战演变成辩论赛，非要分一个正方反方，你需要知道，你所期待的说服过程是温和平静的，而不是针锋相对的。

说服并不是争吵，双赢才是大家共同希望的结果。想要说服一个人，首先就要懂得认同对方的观点，给予对方完全的肯定，这样对方才会视你为同类人，才会给予你好感。有了好感后，你再陈述自己的观点，别人才会去聆听去思考，你的说服战离赢也不远。

李林是一家大企业的总裁，他的生意之所以能做这么大，这和他的口才有关。但凡与李林交谈过的人，都会将他纳为知己。而有一个好人缘，对一个企业的老板来说是十分重要的。不过，李林年轻的时候可没有那么好的口才，而且与人说话还正直热血。那时候，李林每次与人交谈时，如果对方提出的观点他不赞同，或是他认为是错误的，那么他就会非常激动地与对方争辩。

李林非常聪明，思维转的特别快，以至于每一次都能将对方说得哑口无言。虽然对方是被说服了，但绝不是心服口服。因为李林的好胜心太强，以至于他周围的人越来越讨厌与他交谈，有时候碰到了，连招呼都不会打一声。

这个现象让李林非常纳闷，大家为什么这么不喜欢他呢？

李林有一个非常要好的朋友，那位朋友对他说："李林，不可否认，你是一个很有才华，也很有智慧的人。可是你这个人说话方式很有问题，因为你与人说话时，总会将一场普通的聊天演变成一场争论。你的无礼，你的咄咄逼人，让很多朋友都害怕与你交谈。换句话说，他们远离了你，空气都新鲜了很多，心情也格外不错。"

这位朋友的话令李林很有感触，他回忆自己的过去，发现自己想要说服人时，都将一场普通聊天演变成一场争论，常常会争得面红耳赤。李林下定决心，他以后一定要克制自己争强好胜的心。

此后，当李林与人交谈，听到他人与自己相左的观点时，他不会再咄咄逼人与人争论，也不会急着去否定别人的观点。他会心平气和地与对方交谈，用温和的方式将对方说服。

事实证明，李林用这样的方式去说服他人非常的有用，别人不仅欣然接受，也将他视为好友。而他与人交谈的氛围，也从一开始的针锋相对变得融洽愉快。

说服别人，并不是要与人争辩，也不一定要反驳别人的观点。就像李林一样，即使用犀利的言辞赢得了别人，那样的胜利也是空洞的，也永远无法获得别人的好感，甚至是尊重。可见，想要一个人心服口服，必须要用温和的态度。

世界上有千千万万的人，你能碰到与你志趣相投的，也能碰到与你志趣相悖的。同样，你也不乏会遇到与你意见相左想法不同的人。不管是在生活中，还是在职场上，有时候我们不得不去说服对方同意自己的观点。因此，在一场说服战中，肯定会有许多看不见的硝烟。但我们必须要明白，说服并不是一场争论，不能将我们想要说服的人看作敌人。

不管是说服人，还是与人聊天，求人办事，争吵是最不能出现的，只要它一出现，那么必然不会将人说服，聊天也会不欢而散，更别提求人办事了。其实，在说服战中，两个人可以站在同一面，只要说服有技巧，双方都能享受胜利的果实，而这也是一场说服战的最高境界。

关注他的需求,支持他的立场

与人交谈就是一场博弈,不是你说服我,就是我说服你。在说服的过程中,如果你一个劲地试图用自己的观点去说服对方,即使赢了,对方内心也会有芥蒂,毕竟世界上真正能做到"宰相肚里能撑船"的人有几个呢?但是,如果你用对方的观点去说服对方,结果会是双方共赢,你的目标也能轻松达成。可见,在说服人时,选择用谁的观点去说服是非常重要的。

俗话说:"以子之矛,攻子之盾。"在说服人时,你可以用对寸方的观点去说服对方。这是一个辩驳的技巧,它并不是让你放弃自己的观点改而信服他人的观点,它是指顺着对方的观点,从而找出对方观点中的错误之处,以此来说服对方。这个技巧听起来有点儿高深莫测,但事实上并没有那么复杂。

有这么一则有趣的故事,故事发生在春秋时期。

当时,齐国大王齐景公非常喜欢马。有一天,他最喜欢的一匹马突然暴毙。这让齐景公愤怒极了,认为是养马人照顾不周爱马才会死去。所以，他命令侍卫，准备对养马人实施肢解酷刑。

晏子是齐国大夫，很受齐景公重用。他认为齐景公惩罚养马人是很不妥的，眼看侍卫提刀过来，他不禁焦急，想着该怎么阻止盛怒的齐景公。忽然，他灵机一动，对齐景公说："大王，古时候尧、舜实施肢解酷刑时，他们会先肢解哪里？"

众所周知，尧、舜都是圣贤，他们不可能做出肢解人这样血腥的事。齐景公非常聪明，他立马听出晏子话里的意思，于是收回之前的话，不让侍卫再肢解养马人。可是，他心里依旧不甘，要知道那匹马可是他最喜欢的马。所以，他干脆下令要处死养马人。

晏子听后，知道齐景公怒气未消，他要是贸然求情，不仅不会救下养马人，连他自己也都会被迁怒。于是，他顺着齐景公的意，说："这个马夫死到临头，恐怕还不知道自己犯了什么罪。现在，让我替大王来逐一宣布他的罪状，让他死得明明白白。"

齐景公觉得晏子的话正合他意，就批准晏子继续说。晏子开口道："你第一条死罪是，大王让你好好养马，可你不但没把马养好，反而还把马养死了。"事实上，那匹马并不是养马人养死的，而是得了什么急症突然死去。晏子故意将马的死因强加在养马人的身上，是因为他像故意说给齐景公听。

"你第二条死罪是，你养死的马是大王最喜爱的马，你让大王以后再也不能骑这匹爱马游玩打猎了。"晏子又说。

晏子的话让齐景公皱起了眉头，但没有多说什么。

这时，晏子又继续罗列养马人的第三条罪行，他说："马夫，因为你自己的疏忽，导致大王因为一匹马而杀人。这件事要是传出去，一定会被百姓耻笑，被他国嘲讽。你让大王不仁不义，让齐国声誉受损，你说你该不该杀？"

罪行一说完，晏子命令一旁的侍卫："还愣着干嘛，立马处死这个马夫！"

晏子的一番话让齐景公听得面红耳赤，也意识到自己小题大做，迁怒了无辜的人。他连忙阻止："住手，还是放了这个马夫吧！"

通过这则有趣的故事，我们可以明显体会到什么是用对方的观点说服对方这个技巧。这个小故事中，如果晏子直接为马夫求情，一定会惹怒齐景公，不仅马夫会被立马处死，还会将怒火惹上身，这显然是得不偿失的。但他顺着齐景公的意思，抓住其错误的观点来说服齐景公，从而达成了自己的目的。可见，"以子之矛，攻子之盾"有多么好用。

什么是最高明的说服术？其实就是用对方的思维去打败对方。每一位厉害的交际大师都将这种方法掌握的十分透彻，运用得炉火纯青。

掌握这项技巧的关键点在于，你想要说服一个人时，并不需要与其面对面，硬碰硬，因为没有人喜欢被人否定与顶撞。你需要营造一个站在对方阵营的假象，用对方的观点去反驳对方的观点。需要注意的是，当你在运用对方观点时，一定要将对方的观点荒谬化，让对方能清晰地明了自己的观点有多么差劲和不妥，这样，你的这场说服战就打赢了。

让步是为了进一步做铺垫

一场棋局,即使对方相死车猝,只要将帅还在,你都不算赢,甚至还有输的可能。说服一个人也像下一盘棋,即使你步步紧逼,说得对方节节败退,只要对方一直不低头,你始终不是说服战中的胜利者。

有一位主持人问了某位知名明星一个问题,她说:"你是少年成名,可能是因为当时年龄小,还不具备应付一些言语犀利的娱乐记者的提问。现在回想当初,有没有很后悔自己当初接受记者采访时说了一些不该说的话?经过那一次伤害,有没有学会如何保护自己?"

不可否认,主持人虽然不是记者,但也属于采访者,其工作性质与记者无异,都是提问和等待回答。从某种层面来说,采访者与被采访者之间的关系非常微妙,他们相互合作,却又在合作中博弈。采访者希望获得被采访者的爆料,而被采访者为了保护自己的隐私,则会处处提防采访者的语言陷阱。

这位主持人的情商非常高,她在提问时,并没有直接说出当年这位明星在回答娱乐记者提出的问题时造成的失误,而是退一步,让这位明星自己去回忆。与此同时,主持人将自己与娱乐记者划出楚河汉界,让明星认为她俩是站在一个阵营里,说话的话术也颇有一种为明星鸣不平的感觉。明星放松警惕后,自然会说出自己对那次伤害的看法,而这也正是主持人想要的信息。

在一场说服战中,说服人与被说服人身份与采访者与被采访者的身份一样,如果说服人先发制人,步步紧逼,试图在气势上压对方一筹,被说服人则会被激起逆反心理,不仅不会低头,反而会步步相争,半步不让。但若是说服者主动退让一步,被说服人的态度就会软化,如此离打赢这场说服战就不远了。

有这样一则有趣的故事:

在20世纪50年代的时候,美国总统杜鲁门会见麦克阿瑟将军。

麦克阿瑟是一个非常傲慢的人,在会见杜鲁门时,他拿出烟斗,将烟丝装在烟斗内,然后又将烟斗叼在嘴里。就在他拿出火柴准备点燃烟丝时,他对杜鲁门说:"我抽个烟,你不会介意吧?"

杜鲁门笑着说:"抽吧,将军。你知道吗?别人喷到我脸上的烟雾,要比喷在任何一个美国人脸上的烟雾都要多。"

杜鲁门的话让麦克阿瑟将军不好意思再在杜鲁门面前抽烟了。

显然,一开始麦克阿瑟并不是真心询问杜鲁门他可不可以抽烟,他更像是知会其一声。如果杜鲁门一开始就拒绝麦克阿瑟抽烟的请求,按照这位将军傲慢的性子,一定会无视杜鲁门的话,自己抽自己的。但事实上,机智的杜鲁门并没有直言拒绝,而是以退为进,他先用"抽吧"来消除麦克阿瑟的逆反心理,然后又以后面的那句话说服了麦克阿瑟不要抽烟。

在说服战中,以退为进是一种有效的说服策略。表面为退,实则以退待进,通过退可以积蓄更大的进的力量,能更好地进。就像拉弓射箭,先把弓弦向后拉,是为了把箭射得更远。而且在很多时候,退一步还会给我们带来意想不到的效果。

小秦是一家鞋店的导购员,每一个月,她的销售业绩都是垫底的,但让所有人意外的是,老板却选她成为店长,这是怎么回事呢?

有一回,一位男士突然冲进了鞋店,大声嚷嚷鞋店卖假鞋,要求退货退钱,态度十分恶劣。当时,店里除了小秦外,还有另外一个年长的导购员。年长的导购员一边打开男士带来的鞋盒,一边对男士说,她们的鞋店是一家老店,根本不会卖假鞋。

男士带来的那双鞋是一双皮鞋,小秦与年长的导购员一眼就看出这双鞋不是出自店里。

年长的导购员皱着眉头对男士说:"先生,这双鞋虽然与我们店里鞋的款式很像,但确实不是我们店里的。我们店里卖的鞋都是真皮,每一双鞋上都编号,而你这双鞋不仅是假皮,还没有编号。"

年长的导购员逻辑清晰,说得条条是道,但男士并没有信服，而且还越听越生气。他气冲冲大吼道："你这是什么意思？你是说我骗你吗？为了这千把块的鞋子，我犯得着来骗你吗？哼，你这家店就是黑店，卖了假货还不认账！今天无论如何，你都得给我退货退款！"

眼看着围观的人越来越多，大家都在一旁指指点点，严重影响了店里的生意与信誉。就在年长的导购员犯难之际，小秦站了出来，她笑着对怒气未消的男士说："您好，这位先生。我们当然相信你的话，这双鞋值不了多少钱，您怎么会为了这点儿钱来诈骗呢？这太犯不着了。"

小秦的话令男士的怒气消了些，面色缓和了不少。

这时，小秦从鞋盒里拿出小票，看了一下后，对男士笑着说："先生，您的这双鞋确实不是我们店里的，虽然它们的款式很像，让人一眼看去分辨不清楚。我想，您来的时候一定装错了鞋子。请您看一下，这双鞋这里的标签和我们店里鞋的标签有些不同，而且我们店里的每双鞋都有编号。我看，不如您回去找一找，把我们店里的鞋带过来，你要是真想退货退钱，我们一定为您办理。"

小秦说得有理有据，让男士没有一点儿辩驳的机会，也深知再闹下去并没有什么好结果。好在，小秦的话给了他一个台阶下，让他能够保全面子。所以他选择不再纠缠，提鞋离开。也正是因为这件事，老板才将小秦提为了店长。

生活中，我们在说服别人时，如果双方处于僵持的状态，我们不妨主动先退一步，然后再与对方理论，以求进一步。要知道，说服他人时，让步是一种暂时的虚拟的后退，是为了进一步做铺垫。

事例中，明眼人都能看出，那位男士是来诈骗的。如果导购员选择与男士死磕到底，步步不让，那么男士也会硬着头皮继续不依不饶。这样一来，即使鞋店是占理的一方，也会在顾客的心中留下"这家鞋店的店员得理不饶人""不能在这家鞋店买鞋，因为店员态度很强硬，鞋要是有问题，一定处理不好"等印象。造成的最终结果就是，鞋店将会损失不少营业额，并且绝不是仅仅一双皮鞋的价格。反观小秦，她深知自己处于优势，但却没有选择硬碰硬，而是退一步，让对方有一个台阶下，将影响减到最低。

当你想要说服一个人时，适当的退让是为了能更好地说服对方。但也需要明白，退让并不是毫无原则的，它有尺度可言。

喜欢自嘲的人更受欢迎

"我的文章写得非常好,只要开笔,都能登上报纸。"

"我经常去国外旅游,外面的世界真是太精彩了。"

"我参与了某个重要发明,这个发明还被列为国家重点扶持的项目呢!"

在生活中,我们难免会听到一些往自己脸上贴金的话,这是因为每个人都有一颗争强好胜的心。只不过有些明显,有些不明显。明显的人就喜欢用言语来表达自己比别人强,而不明显的人则喜欢用行动表示。

当别人说起自己那些厉害的经历时,不可否认,他们也许确实做过,但他们的言语却有为那些经历锦上添花的嫌疑。很可能写出的文章确实有登报的经历,但不是每一次都会登;很可能是有出国旅游的经历,但不是经常出国;很可能是参与了某项发明,但在发明者中却是个无足轻重的小角色。然而,当他们选择用为自己贴金的方式诉说经历时,无疑是向别人炫耀,告诉别人这样一个信息：我很厉害，我很优异，快点儿来崇拜我！

但是，自己的身价真的能凭着自我贴金的方式提高吗？向别人炫耀自己的行为真的令自己左右逢源吗？事实上，这种行为并不能获得别人的喜欢和青睐，也并不能在社交场上混得风生水起。因为在别人眼里，会认为你是一个虚荣浮夸的人，人们非常拒绝与这类人活在虚假世界的人交流。

那么，什么样的人才能在社交场上混得风生水起呢？答案是那些会自己损自己的人。试想一下，当你以玩笑的方式贬低自己时，这其实也是在侧面抬高别人。这样的做法无疑会令人愉悦，心情好了，还有什么理由拒绝你与交往呢？所以，喜欢自嘲的人往往比喜欢自我夸奖的人更受人欢迎。

有一位老师才30来岁，头上就秃顶了，成了一名"地中海"大叔。私底下，一些同学老爱拿这位老师的秃顶开玩笑，还给他取了一个叫"夜光杯"的外号。有一次，两位同学又在开这位老师的玩笑，恰好老师路过，听个正着。

两位同学本以为老师会生气，或是会批评他们一顿，但老师什么也没说，而是选择在课堂上说明了自己不到中年就秃顶的原因。他笑着自嘲说："我非常喜欢王翰所作的《凉州词·葡萄美酒夜光杯》，每一次拜读这首诗，都让我有种荡气回肠之感。今天，我听到有同学叫我"夜光杯"，我非常激动，没想到我的学生竟然会如此了解我，真是我的知己。此外，上我的课时，同学们再也不用担心教室光线昏暗这个问题了。"

老师说完，同学们不禁哈哈大笑。大家都没有想到，老师居然可以这么幽默。

这是一位高情商的老师，他的自嘲不仅不知不觉拉近了师生关系，而且还让同学们再也不私下拿他的秃顶开玩笑了。

自嘲可以是一种幽默的说话方式，学会自嘲可以在社交场上无往不利。然而，很多人认为自嘲是自我轻贱，是一件很丢脸面的事。事实上，敢于自嘲的人都是非常自信的人，他们敢于面对自己的缺点，可以把这些缺点变为自己的保护罩，用来证明自己的价值。此外，当你在社交场上遇到尴尬的事时，也可以用自嘲的方式来为自己解围。

在一场宴会上，一位年轻的服务员不小心将一杯红酒泼在了一位先生的白色西装上，西装立马被红酒染上了一大片，看上去非常醒目。

年轻的服务员吓得脸色苍白，完全没想到自己会造成这样的失误，他拿着纸巾颤抖地擦着先生的白西装，哪想到西装上的酒渍越浸越大。服务员急得汗水直流，一个劲地说着对不起，对不起。

这突如其来的变故吸引了宴会上绝大多数客人的目光，大家本以为那位先生会恼羞成怒地责骂服务员。然而，先生却拿了一张纸巾不以为然地擦了擦，然后拍了拍服务员的肩膀，笑着说："我刚刚还说自己忘记带胸花了，没想到你就特地给我送来一朵。呵呵，白西装和红酒胸花非常配，谢谢你的好意。"

先生的话刚说完，客人们都对他露出了的敬佩目光，大家纷纷走去与其交谈。

很显然,在公共场合被泼一身酒水,相信谁都会尴尬不已。如果那位先生责骂服务员,无疑会给他人留下一个苛刻的形象,不仅会被客人们列入拒绝交往名单,而且场面会越发尴尬。然而,他机智的幽默式自嘲却化解了尴尬,并且还获得了在场宾客的敬佩。

在社交场合适当地自嘲,不仅可以体现一个人的智慧,还可以反映一个人的说话能力与技巧。自嘲不仅可以化解尴尬,也可以保护自己,它远远比夸耀自己更有效。

把说话的机会留给别人

你是一个表现欲强的人吗?

先别急着否认,看一看是否有这样的习惯:在与人交谈时,急切地想要得到对方的认可,于是交谈时会不停地夸夸其谈,说着自己的能力、荣誉、有意义的经历,等等,完全不给他人说话的机会。

不可否认,每个人都有表现欲,只不过有些人强烈,有些人不强烈。但需要明白的是,聊天中强烈的表现欲并不能给人带来好结果。因为你的滔滔不绝会让他人失去谈话的机会,你说得越多,对方会越沉默,继而丧失说话的欲望,与你渐渐疏远。有时候,话说得越多,错误就越多,不知不觉也会将人得罪,让对方心生不满,最后不欢而散。

一场交谈,有聆听者,有诉说者,如果可以选择,相信绝大多数人都会选择当一个诉说者,聊自己擅长的、感兴趣的话题。但是,交际不是独角戏,我们与人交谈不能只顾着自己的嘴瘾,而忽略了别人的感受。因为不顾及别人的感受，不给别人说话的机会的话，即使你说得再天花乱坠，别人也会心生反感。交谈过后，你也将会被对方拉入拒绝往来名单中。

张凤林是一家上市公司的经理，他性格外向，做事积极。按理说，这样的人应该很受欢迎，但事实上，同事们都不愿意与张凤林多交流。这是什么原因呢？

原来，张凤林是个典型的以自我为中心的人。每当与人聊天时，他总喜欢自己说个不停，很少给别人说话的机会。更重要的是，好几个人围在一起聊天，原本你几句我几句聊得好好的，可只要张凤林开口，他就会把话题拉到自己身上，夸夸其谈，从不考虑别人的感受。也因此，同事们给张凤林起了一个"口难闭"的外号。虽然给人起外号很不对，但这个外号真的非常适合张凤林。

前几天，公司招聘了一位新员工，是一个既漂亮又活泼的女孩。女孩工作积极，热情外向，立马获得了公司的员工们的好感，几天工夫就打成了一片。起初，女孩对张凤林不是很了解，秉着同事之间应该好好相处的原则，她会在空闲之际主动找张凤林聊天。

女孩很喜欢周杰伦，与张凤林说起了周杰伦的歌，然而还没等她说几句，张凤林就抢过了话题。他说他喜欢陈奕迅，喜欢张学友，并说了许多歌曲，更夸张的是，他还哼唱起来，俨然以为自己是在开演唱会。可事实上，张凤林的歌唱得很难听。

女孩皱着眉头，好几次开口想要让张凤林别唱了，张凤林却没有给她开口的机会。等到她终于制止了张凤林的歌声,张凤林又说起了张国荣、刘德华等歌星的事迹。这让女孩的脸色越来越僵硬。

张凤林像是没有察觉女孩的反应,他继续口若悬河,说得滔滔不绝,根本不给女孩说话的机会。期间数次,他还对女孩说"周杰伦的歌没有陈奕迅的歌好听""周杰伦的实力没有张学友、刘德华等歌星的实力强"之类的话。张凤林贬低女儿的偶像,让女孩特别生气。

过了好久,张凤林依旧自顾自地说着。女孩见自己没有说话的机会,且张凤林也不在乎自己的感受,一下子丧失了与张凤林交谈的欲望。之后,她默不作声,就这么安静地听着张凤林说。直到张凤林说累离开了,她才松了口气。

自从这次之后,女孩再也没有主动找张凤林聊天了,也终于明白公司的同事们为什么都不主动找张凤林聊天的原因。

相信,生活中如张凤林这样爱唱独角戏的让人不在少数。谁都看出,张凤林是一个情商很低、爱以自我为中心的人,也不懂得交际的技巧。因为他只顾着自己说个不停,从不给对方说话的机会,同时也不顾及对方的感受,不顾对方是否愿意听他滔滔不绝地说着。

如果你在与人交谈时,遇到的恰好是像张凤林这样的人,你愿意与他交谈吗?答案肯定是否定的,没有人甘愿当一个什么都接收的垃圾桶。所以,像张凤林这样的人在社交场上绝不会获得别人的青睐,别人在与张凤林交谈时,一定会像踢皮球一样,将他踢来踢去。

其实,不只是事例中的张凤林,我们每一个人都喜欢以自我为中心。正因为最喜欢的人是自己,所以在与人聊天时,最爱谈论的也是自己。只不过,有些人太爱以自我为中心,这就使他们在与人交际时爱唱独角戏,只顾着自己说,从不让别人说。而这么聊天的后果只有一个,就是被人拉进黑名单,同时也会被别人贴上"情商低""没眼力"等标签。正如世界著名记者麦开逊所说:"不肯留神去听别人说话,是不受人欢迎的第一表现。"

沟通不是独角戏,更不是一个人的演讲,而是大家一起说。因此,我们在与人交谈时,要努力控制自己的表现欲,不要让交际变成你一个人的独角戏。要知道,任何交流都是你一句我一句,你来我往的交流才能拉近人与人之间的关系。

第三章

表达清楚才具有说服力

纠正过错要"点到为止"

心理学研究表明,谁都不愿把自己的错处或隐私在公众面前曝光,一旦被人曝光,就会感到难堪或恼怒。因此,在交际中,如果不是为了特殊需要,应尽量避免触及对方避讳的敏感区,避免使对方当众出丑。必要时可委婉地暗示自己已知道他的错处或隐私,便可造成对他的压力。但不可过分,只需"点到而已"。

有一个领导在找下属谈话:"今天我们就这个问题做一些探讨。""我觉得在这一点上你的做法似乎有些不妥。"这儿强调的是局部,而不是全部,口气中带有商量、劝慰的味道。这样的批评容易让人接受,从而起到促使其正视问题,改正错误的作用。

但如果这样说:"我看你这辈子是不会好了!""你真是屡教不改啊!"说教可能出于无奈,恨铁不成钢,但对听者来说,无疑是一种宣判,很难让人从心里接受,自然也起不到批评的作用。因此,在批评人的时候,一定要给他留有余地,不要把事情做得太绝了,那样会适得其反。

"贬低他人，也就意味着自己渺小"。现实生活中有些人经常在背后说别人的缺陷、批评别人。对此，我们最好不予理睬。但是，当别人的错误伤害了我们自己或周围的人，妨碍了事情正常有序的进行时，为促使其改变，就得进行批评了。不过，要注意讲究方式方法。

当别人的错误妨碍了我们时，需要促使其改变态度和言行，就得进行批评，但不可过分。当你准备指出别人的过错时，最好能把指责变为商量。

有个叫约瑟芬的食品店店员，在一次运货时因马虎而使食品店损失了两箱果酱。为此，老板对他进行了如下批评："约瑟芬，你犯了个错。但上帝知道，我犯的许多错误比你还糟。你不可能天生就万事精通，只有在实际的经验中才能不断进步。而且，你比我在这方面强多了，我做过那么多愚蠢的事，所以我不愿批评任何人，但你难道不认为，如果你换一种做法的话，事情能够更好一点吗？"约瑟芬愉快地接受了老板的批评，从此做事认真多了。

食品店老板对店员的批评有一个突出的特点，那就是把他犯的错误和自己犯过的错误结合到一起，一边批评一边自我批评，让店员感到老板严厉中透着理解，责怪中透着信任，既不刺伤对方的自尊心，又很容易引发其认同感，让他在坦诚的气氛中接受了批评。

一个管理者，在工作中免不了要批评人。但怎样批评、什么时候批评、批评时语气怎样，都与批评效果有十分密切的联系。

在批评别人时，要多替对方考虑，要学会给对方留余地，这样才能够让下属心悦诚服地接受。

批评之前，要先创造一个尽可能和谐的气氛。做错事的一方，很可能会产生不自主的抵触情绪。即使他表面上接受，内心也不见得赞同。所以，先让他放松下来，然后再开始你的批评，这样才能达到比较好的效果。

大多数的批评者，往往是把重点放在指出对方错的地方，但是却不能明确地说明对的是什么。有人批评别人："你这样做真是太蠢了！"对方听了这样的话，只会觉得不服和反感。但是如果你在指出对方的失误以后，再谦虚地提出建议，效果就不同了。

从某个角度来说，批评的目的在于使被批评者觉悟，从而纠正自己的行为。批评人不能把人看死、不能把话说偏。正确的批评方法是，批评时注意把握分寸，措辞严厉但不过头，给被批评者留有改正错误的机会。

批评别人要讲究技巧

许多人都渴望学会批评。在生活中,我们常常会遇到这种情况:不讲批评方式,在公众场合,倚理欺人,居高临下地指责、批评对方,试图把自己正确的观点强加给对方,这样做往往事与愿违。

美国著名作家马克·吐温曾说:"批评只有一个目的与作用,那就是提醒犯了错误的人不要再犯。"批评别人时,要注意方法,讲究技巧,不能无视他人独立的人格和尊严,否则,不仅难以收到积极效果,而且还会影响自身形象,更会影响彼此之间的和谐关系。

要想学会正确的批评,需要注意以下几点。

1. 因人而异,对症下药。

批评他人要注意根据不同对象采取不同的方法和语气。

对年轻人,批评时要语重心长,要寄予希望;对中年人,要旁敲侧击,点到即止;对长辈和上级,要巧妙提醒,声东击西,务必含蓄委婉；对那些蛮横不讲理者，要理直气壮，以正压邪，在严厉批评之后再辅以耐心说服。

2. 批评要在私下进行。

不管你批评人的动机如何单纯，对待对方如何诚恳，假若批评的方式、时机不当，对方不仅不会接受，还会对你产生成见。所以，在批评别人时，一定要注意方式方法，避免使人误解或招致怒气。尤其要特别注意的是：批评要在私下进行。

例如，你在别人的面前批评自己的妻子："她呀，真差劲，连个家也照看不好。"

或者，作为一位母亲，在大家面前批评自己的孩子："小明呀，你真是笨蛋，看看人家小勤，多聪明，你连人家的千分之一都没有，快向他学学！"等等，都会伤害被批评者的自尊心。

每个人都会顾及自己的脸面，自己的错误被指出并被批评，这就已很难受了，若再当着别人的面，就更无法接受了。可是，在实际生活中，有许多人往往忽略了这一点，不体会别人的内心感觉，而在众人面前口气严厉地训斥他人，甚至威胁，完全不顾及对方的自尊心。这是十分错误的做法。

3. 要注意批评的态度和语言。

批评人时要心平气和、诚恳、耐心，不能急躁，不能怨恨，更不能存心找麻烦。当你心中愤怒、埋怨、焦虑，并想责怪对方时，最好是先克制一下情绪，整理一下思绪，甚至可以先听听音乐，散散步，看会儿电视，等冷静时再批评。

人们做错了事，或做了理亏的事，但如果是你主动指出他的错误，那么他一定会找出种种理由辩解。所以，批评他人时，一定要讲究方法，态度要诚恳。

4. 要尊重、理解、信任被批评者。

批评者的出发点多是善良的，真诚地希望提醒或帮助对方改正错误，因此要尊重、理解、信任被批评者。

批评要有的放矢，不可全盘否定，把别人说得一无是处，应把重点放在改善目前不足的方面。否则，对方要么"当面接受，过后照旧"，要么"表面同意，心里不服"，甚或"当面顶撞，让你无法下台"。批评要针对人的行为，而不是他或她本身。只有动机与效果完美统一的批评，才是成功的批评。

王勇是一家建筑公司的安全检查员，检查工地上的工人有没有戴上安全帽是他的职责之一。据他说，每当发现有工人在工作时不戴安全帽，他便会用职位上的权威要求工人改正。结果是，受指正的工人常显得不悦，而且等他一离开，就又把帽子拿掉。后来，王勇决定改变方式。这回他看见有工人不戴安全帽时，便问帽子是否戴起来不舒服，或是帽子尺寸是否不合适，并且用愉快的声调提醒工人戴安全帽的重要性，然后要求他们在工作时最好戴上。这样，效果比以前好得多，也没有工人显得不高兴了。

总之，批评确实是一件令人十分难为情的事情，无论是批评者还是被批评者，在那种特定的氛围中都多少有些尴尬。其实，批评的真正目的并不是打倒对方，而是纠正对方的错误。因此，艺术的批评不应伤害对方，而是激励他，使他表现出更好的业绩。

委婉真诚地表达想法

批评别人时,既要指出对方的错误,又要保全对方的面子。这需要批评者委婉真诚地表达自己的想法。这样,他就会心悦诚服,真正接受你的意见。

世上没有十全十美的人,每一个人都会犯错误。在错误面前,你可能会忍不住大发雷霆,严厉斥责犯错的人。然而在一阵狂风暴雨过后,也许你可能会沮丧地发现,原来你的"善意"并没有被对方接受,甚至,造成的后果让你追悔莫及。批评对谁来说,都不是一件让人愉快的事。但是如果你能够掌握适当的批评技巧和方法的话,相信你的批评能得到好的效果。

批评他人时,不能忽略批评的技巧,不顾被批评对象的感受。那种不管别人出了什么差错,都当着众人的面给予指正的做法,除了造成被批评者的心理抵触之外,根本无助于问题的解决。

批评是否成功,很大程度上取决于批评者的态度。善于批评的人，能够让对方心悦诚服地接受批评，使被批评者感到批评的诚意。

有一个小女孩一心贪玩，居然把她的小狗"毛毛"带进了一家严禁携带小狗入内的商场。小女孩只顾与她的"毛毛"玩耍，一点儿也不知道这条规矩。当她上了二楼突然看到墙上"严禁携带小狗入内"的警示牌时，才发现小狗已没地方藏。她挺着急，便赶紧乖乖地站好，一边紧搂着"毛毛"，一边看着迎面走来的商场的保安，等待着想象中的"狂风暴雨"。

不料保安不仅没有生气，还笑眯眯地看了看她，问："多么可爱的小狗，它叫什么名字？"小女孩轻轻回答："它叫毛毛。"而那位保安摸了摸小狗的头，说："亲爱的毛毛，你怎么糊涂了？我们这儿是不准小狗带小女孩进来的，但既然来了也就不难为你了，请离开时记住，千万别忘了带走你身边的这位小姑娘！"

这是多么有艺术性的劝告、批评啊！保安的这段话，给小女孩留下了终身难忘的印象。此事让我们知道，原来批评的语言可以是苦的，也可以是甜的。讲艺术的批评不但可以让他人愉快地接受，还能给他人留下深刻的印象。

卡耐基说："让他人有面子，这是十分重要的事。有些人却很少想到这一点，经常残酷地抹杀他人的感觉，又自以为是，比如在他人面前批评一位小孩或员工，找差错，发出威胁，甚至不考虑是否伤害到别人的自尊。"

人难免因一时糊涂做一些不适当、错误的事。遇到这种情况，就需要把握住指责别人的分寸：既要指出对方的错误，又要保全对方的面子。要使对方从根本上认识到自己的错误,需要批评者从深处挖掘错误的原因,晓之以理,动之以情,循循善诱,帮助他认识、改正错误。

查理是个自尊心很强的男孩子,每次老师布置论文他都很认真地去写。但有一次老师发现查理的论文内容不好,没有写他真正理解了的东西。怎么办呢?如果直截了当地说出来,会使查理非常难堪。于是老师心生一计,他把查理找来,绝口不提论文的事。而是问查理对什么最有兴趣。查理说最喜欢狗。老师说:"很凑巧,我也是个狗迷。"接着,他们从各个角度谈起了狗,竟然谈了一个半小时。最后,查理说:"我应该换个主题来写那篇论文,现在我差不多已经有了个新的构想,就是刚才我们谈的关于'宠物'的问题,我想这次我一定能把它写好。"果然,查理的这篇论文,从"宠物热"角度入手,分析了现代家庭问题,写得相当出色。

查理的老师没有简单地告诉查理论文需要重写,而是采取了暗示的方法,从对方身上引出话题,让他自发地畅谈,最终达到其"自我否定、自我改善"的结果。这种指导方式既不会使对方不愉快,还会激起他新的兴趣,充满自信心地改正缺点和错误,这是批评人的良好模式。

"如果经过一两分钟的思考,说一句或两句体谅的话,对他人的态度做宽大的了解,都可以减少对别人的伤害,保住他人的面子。"因此,当你要批评他人时,请事先冷静地想一想,采用什么样的方法,既能指出他人过失、使当事者受到教育,又不会让别人丢面子，伤自尊。

在批评别人的时候，如果能换一种方式，私下与其交换意见，委婉真诚地表达自己的想法，并给他摆事实，讲道理，分析利弊，他就会心悦诚服，真正接受你的意见。

批评别人时要"软着陆"

有时,批评不但不会改变事实,反而使情况进一步恶化。但我们先对别人的优点加以称赞之后,再说缺点,结果就会有很大不同。

如果你希望你的批评取得良好的效果,就要在方法上下工夫。批评,实际是一种说服的技巧,是一门沟通的艺术。批评的目的在于打动对方,使对方能认识到自己的错误,回到正确的轨道上,而不是贬低对方。即使你的动机是好的,是真心诚意的,也要注意方式和场合等问题。

良药苦口利于病。但在现实生活中,扶正匡谬的批评的确不如良药那样为人乐于接受,甚至成了难以下咽的"苦药"。批评得好,人家接受;反之,麻烦缠身,成了"不受欢迎的人"。因此,批评要学会变"害"为"利",使"硬接触"变成"软着陆",即在"苦药"上抹点糖,看似失去了锋芒,但却药性不减。

当听到别人对我们某些长处赞赏之后,再听到他的批评,心里往往会感觉好受些，也容易接受。

有时，批评不但不会改变事实，反而只能招致愤恨，使情况进一步恶化。当我们听到他人对自己的优点加以称赞之后，再去听一些不愉快的话，情形自然就会有很大不同，心里自然也觉得好受一些。这正如理发师在给人修面之前，要细心地在胡须上涂上一层肥皂一样。想要在批评中加入赞美的成分就需要掌握以下技巧。

1. 用称赞打开对方的心扉。

过分严厉的批评不但不会改变事实，反而只会招致愤恨。给予他人亲切的言词和称赞，对建立彼此的友好关系有很大的帮助。一位公司经理说："称赞能使员工兴奋，也能使你发现对方的许多优点，而当你批评他时，他也会欣然接受。"如果你真想批评人，不妨用这样的话开始：

"小李，你所提出的建议很好，我们从中受益许多。不过，有一点……"

"小张，自从你进入公司以来，你的业绩一直非常优异，大家是有目共睹的，只有一点要请你改善，相信你也能够做得更好！"

2. 当众赞美，私下批评。

每个人都喜欢听赞美的话，而且如果这种话是当众听到的，就会更觉得有面子。反之，有关批评的话要私下说，这样除了能照顾到对方的面子外，对本身的形象也会产生好的影响。

当众赞美，私下批评，这看起来有点搞"两面三刀"之嫌，实际上并非如此,这样做,和表面一套、背地一套,有本质的不同。

3. 批评和表扬相结合。

对于每一个人来说,批评的同时别忘记表扬,表扬是批评的"润滑剂"。表扬是激励,而批评更重要的是引导。有位棒球教练在纠正选手动作时,不说"不对",而说"大致上不错,但如果再纠正一下会更好。"他不否定选手,而是先加以肯定再修正。也就是说先满足对方的自尊心,再把目标提高。如果只是纠正、警告的话,只有徒然引起选手的反感,不会有何效果。

4. 以褒扬的方式结束批评。

不能在友好的气氛下结束的批评,不能算是真正的结束,不要在事情还没有解决之前,就搁置下来,到后来再进行一次讨论,应该在有了结论之后即刻结束批评。你可以莞尔一笑:"我知道你是信得过的人"或"我相信你能抓住要领,好好干下去",千万不要说:"我教你之后,不可以再犯错"或"我希望很快就能看到你好的表现,不然的话……"

只有不够聪明的人才总是批评、指责或抱怨别人,但是善解人意和宽恕他人,需要修养和自制的功夫。

批评要留有余地

金无足赤,人无完人。只要是人,就可能犯错误。其实,任何有上进心的人都不愿意犯错,要批评一个人的错误时,最好让对方认识自己的错误。你的目的也是为了要帮助对方,而不是为了贬低对方的品格。因此,批评以适可而止、给对方留有余地为好,会让对方感谢你的宽容。

批评是一门艺术,如果只是粗暴简单地运用批评,不仅不能有效地促进别人改进,反而会严重损伤他们的积极性和自信心。因此,我们必须善于运用批评技巧,通过批评来达到目的。对待犯错误的人,要适时旁敲侧击。找准合适的切入点,给他一些警示,力求点到为止,点而能透。如果不注意批评的技巧,则撼山山不动,震虎虎不惧,徒劳无功,甚至会起反作用。

1. 批评别人从批评自己开始。

作为上司,批评之前首先要学会自我批评。上司是管理下属的人,是承担责任的人,下属工作的失误要由上司来承担责任。

可是有些上司喜欢和下属分享成绩，不愿分享责任，荣誉是大家的，责任却成了个人的，这样的上司很难在下属中确立威信。批评需要营造行之有效的氛围，在冷冰冰的气氛里很难收到良好的批评效果。批评他人之前先谈一谈自己从前犯过的类似错误，一方面可以为对方提供例证，让他从这例证中认识到犯错的严重后果；另一方面也可以带给对方一定程度的认同感，拉近彼此的心理距离，营造出心胸开阔、坦诚相见的批评氛围，从而使对方容易接受。

2. 批评要有"分寸"。

作为领导，批评应该是私下进行，要给下属留"情面"。人人都有自尊心，下属如果犯了错误，领导一样要尊重他，避免公开批评下属，最好在工作之余找来下属促膝谈心，这种方式比开会宣布的方式要有效得多。

批评要尽量多从事情找原因，少从个人找原因。下属做错了事应该受到批评，可问题的关键在于批评是针对下属做错的事情还是下属本人。有些上司总是把下属的失误归结为个人原因，那只会挫伤下属的自尊心。很多时候，下属的失误并不完全是本人的因素所造成的，如果一味地把"矛头"指向个人，势必会让下属产生委屈感和不满情绪，批评的目的也就无从谈起了。

3. 批评切忌喋喋不休。

当领导批评下属的时候，一定要就事论事，提高做事情的效率。我们谁也不愿变成像《大话西游》里的唐僧一样，说起话没完没了，没有重点。

老王是某公司的经理，一次，他接到了上级的通知，说总公司的领导要来视察，于是就召集所有员工开会说："你们明天要穿的正式一些，总公司有领导来视察，我们要给上级领导留下好印象，要知道你们可都是公司的形象。"虽然有些形式主义，但是一想领导的出发点是好的，所以大家也就同意了。

第二天一大早大家都提前到了，着装也都很正式，有的员工甚至还买了新衣服穿上，可是上级领导来了之后，直接财务室，完全没有把员工们放在眼里。领导查了账户以后，发现了很多问题，于是严厉地批评了老王，希望他能对这些问题做出一个交代。

上级领导走了以后，老王来到了员工们的办公室，把所有的员工的着装都批评了一遍。他把上级领导对他发的火，全部都撒在员工身上。一点小事就抓住不放，大家感到老王这领导太没水平，他的威信也直线下降。

即使员工出了错，领导批评的时候做到点到为止就可以了，不用去喋喋不休地说个没完，即使你的下属明白了他错在哪里了，可是你的喋喋不休只会让下属心里更烦躁。一味的唠叨重复，会让人变得没有耐心，而且喋喋不休也会让下属觉得领导啰嗦，不够干练。

要想使批评收到预期效果，首先就得让对方听进去话。很显然，那种不顾对方心理感受，任由自己真理在握、义正词严的批评，是无法实现这一目的的。间接批评不仅是出于照顾对方的自尊心，更主要的是，它还可以取得良好的收效。

高超的话术能够攻心

高超的话术,能够攻心,震慑对方,因此是一把无形而又威力无比的利器。在社会迅猛发展的当今,高超的话术是立于不败之地的重要资本。

战争中军事力量的强弱当然是极其重要的,但不可置疑,高超的话术能够攻心于人,挫其锐志,震慑对方。如三国时期的诸葛亮就是一位卓越的说话大师。

《三国演义》中有许多关于诸葛亮以口才制胜的故事。其中以"武乡侯骂死王朗"最为典型。诸葛亮率师北伐,在渭河边与魏国大都督曹真的大军相遇。曹军中有一位素以舌辩著称的司徒王朗。他自请上前线做说客,劝降诸葛亮。在两军对峙的阵前,王朗摇唇鼓舌,引经据典,口若悬河,满以为诸葛亮听了这一席话,会"倒戈卸甲,以礼来降"。不想,诸葛亮随机应变,在言明自己北伐之因、分析了天下形势之后,话锋一转,直指王朗:"吾素知汝所行:世居东海之滨,初举孝廉人仕;理合匡君辅国,安汉兴刘;何期反助逆贼,同谋篡位?罪恶深重,天地不容!天下之人,愿食汝肉!……皓首匹夫,苍髯老贼!汝即日将归于九泉之下,何面目见二十四帝乎!"王朗听罢,气满胸膛,大叫一声,撞死于马下。曹军受挫,军无斗志而致大败。对此,后人有诗赞诸葛亮说:"兵马出西秦,雄才敌万人。轻摇三寸舌,骂死老奸臣。"

尽管这是经过加工的文人之作,但以言制胜,可见一斑。战争是政治的直接表现,战场上,敌对双方都以挫败对方为目的。双方军事力量的强弱当然是不可忽视的条件,但不可置疑的是高超的话术,也是一把威力无比的无形利器。

孙子说:"故善用兵者,屈人之兵而非战,拔人之城而非攻也。"在军事争战中,善于用兵的将帅,是可以不靠双方刀兵相交就能取胜的,孙子把这种行为称为谋攻,就是以谋取胜。他认为,不战而使敌人屈服,这是好中之好的谋略。而高超的话术正可以不战而屈人之兵。

春秋时期一位名叫沮卫的使者,用说硬话的技巧救了自己的命。有一年,楚国攻打吴国,吴国势单力弱,吴王派沮卫给楚军送一份厚礼,顺便了解军情。谁知沮卫被楚兵抓住了,把他绑得紧紧的,说要杀了他,拿来衅鼓(杀牲口,用血涂在新鼓的缝隙上)。

面对死神,沮卫不慌不忙,面无惧色。楚将惊奇地问他:"你出发前占卜过吗?"

"占卜过的。"

楚将望着被五花大绑的沮卫,洋洋得意地问道:"吉凶如何?"

"大吉。"沮卫回答。

楚将高声大笑:"如今就要杀掉你了,还有什么大吉啊!"

沮卫回答:"吴王派我来,目的就是要试探你们的态度。如果你们对我以礼相待,那么,吴国就会放松戒备;如果你们杀了我,还拿我的血衅鼓,吴国一定会百倍警惕。这对吴国不正是件天大的好事吗?"

"然而你自己都完蛋啦,这怎么能说是大吉呢?"楚将追问道。

沮卫回答:"我占卜是问国家前途,并非为我个人。如果杀了我就能保全整个国家,对你们有何好处?要是人死了仍有灵魂,那么,我肯定要附在你们的鼓上,在战斗最激烈的时候显灵,让你们的战鼓发不出响声,使你们一败涂地!"

沮卫的话入情入理,铿锵有力,说话时毫无惧色,稳如泰山。楚将听了,思考再三,总感到杀沮卫衅鼓有害无利,只得长叹一声说:"算了。不如把他放了吧。"

沮卫得以死里逃生,全靠了他强行把对方也牵了进去。他成功的原因在于抓住了官吏的心理弱点,然后一击而中。沮卫对答如流,最终迫使对方不得不放弃原来的观点,沮卫以语言的力量保护了自身。是他善于听取对方的话,能及时判明意图,切中要害,从而给对方造成了有力的威慑的结果。

"一不做二不休""扳倒了葫芦洒了油",说的是人在关键时刻豁出去了的意思。不过到什么时候说什么话:危急时刻,如能真正豁出去,反而比懦弱更安全。

面对无理冲撞要以"恶"碰恶

正常情况下,一个人不宜惹是生非。但有些时候、有些地方,面对对方的野蛮粗俗和无理的冲撞,必须以"恶"碰恶,据理力争,绝不能软弱。

在人际交往中,有些人因自己的地位、学识、年龄等优势而表现出一种傲气,或者极端地蔑视他人,或者大肆地攻击他人,甚至还恶意地侮辱他人。这种人的行为势必给别人带来不愉快或者严重的伤害,因此,必须予以抑制而不让其恶性发展。

1917年,辜鸿铭被蔡元培请到北京大学当教授。此时大清的辫子已剪除多年,但辜氏仍然在脑后拖着一根灰白相间的细小辫子,戴着瓜皮帽,穿着长袍,成为校园一景。他还不知从哪找来一个同样是满清遗老打扮的人做车夫,每天拉着他去北大讲西方文学。据说他第一次上课,一进课堂,学生就哄堂大笑。辜鸿铭不动声色,走上讲台,慢吞吞地说:"你们笑我,无非是因为我的辫子。我的辫子是有形的,可以马上剪掉,然而,诸位脑袋里面的辫子,就不是那么容易剪掉的啦。"一语既出,四座哑然。

世上有许多的麻烦与是非,都是当事者的优柔寡断或姑息迁就造成的。所以一照面就把人震住,一切就可以按你预先制定的路线走,这是一种非常简明有效的手段。

俗话说:恶人自有恶人治。你摆出一副凛然不可侵犯的态度,他不能不有所提防,尤其当你拉出一副鱼死网破的架势时,他就不得不考虑一下后果。所以,在遇到恶人的时候,你不妨让自己气势强盛起来,语言犀利起来。

冯玉祥任职西安督军时,得知有两个外国人私自到终南山打猎,打死了两头珍贵的野牛。冯玉祥把他们召到西安,责问道:"你们到终南山行猎,和谁打过招呼?领到许可证没有?"

对方回答:"我们打的是无主野牛,用不着通报任何人。"

冯玉祥听了,带着怒气说:"终南山是陕西的辖地,野牛是中国领土内的东西,怎么会是无主呢?你们不经批准私自行猎,这是违法!"

两个外国人狡辩说:"这次到陕西,在贵国发给的护照上,不是准许带枪吗?可见我们打猎已经获得贵国政府的许可,怎么是私自打猎呢?"

冯玉祥反驳说:"准许你们携带猎枪,就是准许你们打猎吗?若准许你们携带手枪,难道就表示你们可以在中国境内随意杀人吗?"

其中一个外国人不服气,继续说:"我在中国十五年,所到的地方没有不准打猎的。中国的法律也没有规定外国人不准在境内打猎。"

冯将军冷笑着说:"的确是没有规定外国人不准打猎的条文,但是,难道就有准许外国人打猎的条文吗?你十五年没遇到官府的禁止,那是他们昏庸。现在我身为陕西的地方官,我没有昏庸,我负有国家人民交付的保家卫国之责,就非禁止不可!"

听着冯玉祥将军咄咄逼人、理直气壮的话语,看看他的凛然正气,两个外国人发毛了,只好承认了错误。

正气凛然、咄咄逼人的硬话的确具有非凡的效果。在说服高傲的人时,气势起着非常关键的作用。若你畏畏缩缩、矮人一截、不敢和人针锋相对,他就不会把你的意见当成一回事。如果你理直气壮、临危不惧,在气势上压倒对方,对方自然就会接受你的意见。

正常情况下,一个人不宜惹是生非,应尽量保持沉稳一些为好。但有些时候、有些地方、有些人正是摸准了人们这一心理,才得寸进尺,硬拿不是当理说。面对对方的野蛮粗俗和无理的冲撞时,必须以"恶"碰恶,据理力争,绝不能软弱,你要是此时还一副老实相,那就会付出比一般人更大的代价。

对不逊之言要恰当应对

当处在难题前或者窘迫中时,你应该运用语言的艺术去对付他。对不逊之言做出恰当得体的应对,既维护自身的尊严,又使交际活动正常进行。

当你处在难题前或者窘迫中时,总的原则是明辨事理,言语得体。你若是怒气冲天,就会加剧矛盾,最后两败俱伤。你若是一味退缩,则会使对方觉得你软弱可欺,从而变本加厉地嘲弄你。这时你的办法就是运用语言的艺术去对付他,使对方自陷难堪,哑口无言。

在生活和工作中,常会遇到一些出言不逊的人。不逊的话语各异,但有一个共同点,就是感情冲动。我们切不可被对方几句粗言谬语激怒,像他们一样失去理智。而要保持清醒的头脑,对不逊之言得体应对。

做人要有棱有角,要敢怒敢言,敢做自己想做的事。如果一味地听命于人,迁就他人,委屈自己,就会没有主见,失去自我。这样的人虽然甘居人下，却也得不到别人的欢迎；有些人即使事业有成，也终会被小人暗算。所以，做人不仅要圆，更要方。这是自卫之道，也是自强之道。

现实中，某些人有钱有权之后，就自以为高人一等，什么社会秩序、道德规范，甚至法律法规统统不放在眼里，张狂放肆、为所欲为。面对这种人的威胁，你千万不要被其嚣张气焰吓倒，只要你看准软肋、抓住要害，坚决反击，就可以把邪气压下去。

一天，某女士酒后驾车、逆向行驶，与一辆出租车相撞，肇事后企图逃逸，被交警截获。交警要对她做酒精测试，按酒后驾车肇事处罚。这位女士拒绝测试，不接受处罚，用威胁的口吻吼叫："你们知道我是谁吗？我老公是县政法委书记！你们敢乱来，砸了你们的饭碗！"

交警小张不动声色，客气地问："您丈夫是——"

"张钢书记，"女士傲气十足地说，"你们的顶头上司！"

"哦，原来是张副书记，老领导了。"小张从容不迫地反击，"张书记前天还到我们交警队检查工作，特别强调交警一定要秉公执法、铁面无私，在法律面前人人平等。我们坚决按张书记的指示办，请您支持我们的工作！"

"你们一点面子都不给吗？"女士口气软了一点，但仍然不愿意接受处罚。

"张太太不支持我们的工作，我们只好打电话直接请示张书记了。"小张的语气客气而坚定，正要拨电话，那位女士急忙按住电话机，说："我认罚还不行吗？倒霉！"

面对威胁恫吓,交警小张态度坚决,正气凛然;讲究策略,反击有方。他摸清对方确实是领导的亲属之后,以领导之"指示"还治其亲属之身,驳得张太太哑口无言,低头认罚。小张的应对得体、成功!

生活中,如果你常感到受人压制,被人欺负;如果你觉得别人总占你的便宜或者不尊重你的人格……那么,你的任务应当是从自己身上而不是从周围环境来寻找解决问题的方法。也就是说,你要运用一些策略教会别人怎样对待你。

1. 斩钉截铁地说话。

即使是在可能显得有些唐突的场所,你也应毫无拘束地对服务员、售货员、陌生人、秘书、出租汽车的司机说话,对蛮横无理的人以牙还牙。你必须在一段时期内克服自己的胆怯和习惯心理。

2. 不说招引别人欺负你的话。

"我是无所谓啊""我可没什么能耐",或者"我从来不懂法律方面的事",诸如此类的推托之辞就像是为他人利用你的弱点开了许可证。

3. 对盛气凌人者以牙还牙。

当你碰到吹毛求疵,强词夺理,以及其他类似的欺人者,冷静地指明他们的行为。你可以用诸如此类的话声明:"你刚刚打断了我的话"或者"你埋怨的事永远也变不了"。你表现得越平静,对那些试探你的人越是直言不讳,你处于软弱可欺的地位上的时间就越少。

第四章

找到说服的最佳突破点

说服要有针对性

"说服"是生活中常见的一种人类社会交往现象。在日常生活中我们需要说服的对象比比皆是,他可能是你的父母、你的上司、你的顾客、你的朋友,甚至是一个在街头和你偶遇的陌生人。"一千个读者心中有一千个哈姆莱特",这句名言从一方面说明莎士比亚戏剧中哈姆莱特这个艺术形象的复杂性,另一方面也简介说明在相同的社会中人和人之间也存在着巨大的差异。因此,说服他人,从古至今都在人们的社会交往中发挥着重要的作用。例如,孔子周游列国说之于礼,苏秦张仪连横合纵于七国之间,这些雄辩之士留下了许多千古佳话。

随着进入 21 世纪,社会竞争日益激烈,想要获得成功,拥有超人一等说服力更显得尤为重要,说服他人是我们建立和谐人际关系的关键。说服是一门生活艺术,是一个人社会竞争综合能力的具体体现。在日常生活中要想说服某人同意你的观点,就必须掌握一些有强大说服力的技巧和方法,以提高说服的效率。世界兵书之祖《孙子兵法》曾经提出"知己知彼，百战百胜"，要想在最快的时间内寻找到说服别人的最佳突破点，可以有针对性地从以下几种方法着手。

1. 了解被说服者的性格

在说服之前，要知道不同性格的人接受他人意见的方式和敏感程度是有区别的。判断被说服者的性格，是成功说服对方的首要条件，要针对他的性格特征，展开行之有效地说服。

2. 了解对方的优点

一个人的优点要看他最熟悉、最了解、最易理解的领域。比如，有人对部队生活比较熟悉，有人对农村生活比较熟悉，有人擅长文学，有人擅长武术，有人擅长围棋，有人擅长歌舞等。

在说服人的时候，要从对方的优点入手。第一，能和他谈到一起去；第二，在他所擅长的领域里，谈论起来他容易理解，因此容易说服他；第三，能将他的长处作为说服他的一个有利条件，例如对一个伶牙俐齿、善于交际的人，在分配他做推销工作时可以说："你在这方面比别人更有显著的优势，这是发挥你潜在能力的一个最好机会。"这样交流既有理有据，又能表现领导者对他的信任，还能激发他对推销工作的热情。

3. 了解对方的兴趣

有人喜欢绘画，有人喜欢音乐，有人喜欢读书，还有人喜欢下棋、养鸟、集邮、书法、写作等，人人都喜欢从事和谈论其最感兴趣的事物。从这里入手，打开他的"话匣子"，激发他谈话的兴趣,引起他对话语的共鸣与认同,而后再对他进行说服,便较容易达到说服的目的。

4. 了解对方的内心想法

一个人思想中的一种认识的出现,绝不是偶然的,他必定有自己的理由,但如果这不是他思想中要坚持的主见,只是不愿坦然承认,有各种各样难于启齿的理由。如果说服者能真正了解他不可言语的"苦衷",就能有针对性地加以解决。

5. 了解对方的情绪变化

一般来说,影响对方情绪的因素有以下方面:一是谈话前对方因其他事所造成的心绪仍在起作用;二是谈话当时对方的注意力还未集中起来;三是对说服者的看法和态度。因此,说服者在与被说服者沟通之前,要想方设法了解对方此时的情绪,这对最后的沟通结果来说,是一个至关重要的环节。

想要成功的达到沟通的目的,任何一个说服者都要悉心研究其中的技巧和规律,只有这样才能够做到有针对性地采取有效的说服方式。另外,洞悉对方内心的想法是有许多学问的。在生活之中很多人不能说服别人,主要就是因为他没有花时间仔细研究对方的性格、爱好以及其他特点,没有得到正确的表达说服方式,就急忙做出结论,还以为"一眼看穿了别人"。

说服他人必备的要素

在现实生活中,我们常常需要说服别人,大到人生三观,小到茶米油盐等生活琐事。作为一个有追求的人,需要对自己的人际圈进行不断地整合发展,这样才能获得更多的支持,帮助自己实现人生目标。然而,成功地说服别人并不是件轻而易举的事情,因为每一个人都有自己的独立人格以及思想意识,甚至可以说被说服人的思维惯性和既成偏见是相当顽固的,这些都是我们在说服过程中需要面对的苦难。所以我们在进行说服时不必急于求成,但要时刻注意说服他人的六个关键要素。

1. 说服时要有耐心,明白精诚所致金石为开的道理

如果你的观点是对的,一时无法说服人家,你很可能会犯过分心急的毛病。当然,如果人家听了你的说服的话,立刻点头叫好,改弦易辙,并称赞你"听君一席话胜读十年书",这样的结果自然是最好不过的。实际上,这种情况并不多见。别人的看法、想法、

做法，不是一天形成的。正所谓"冰冻三尺，非一日之寒"，因此，要对方改变看法也绝非一蹴而就的。况且，即使他当时表示了心悦诚服，你还是要让对方回去好好考虑。因为任何一个人都有自己的习惯，有时候虽然当面服了，但是回去细想可能还会出现反复。如果真是如此，千万不能指责对方是"当面一套，背后一套"。

正确的做法第一要耐心，第二要耐心，第三还是要耐心。

当你不能说服对方的时候，甚至被人抢白一顿后，在心理不要生对方的气，更不能生自己的气。

你要有长期做说服工作的准备。对于"成见"这座山，你要有做愚公的准备，要有今天挖一个角，明天铲一块土，逐步解释一些细节和要点。这样日积月累下来，被说服者所持有的"成见"就会渐渐消除。

你还要不断扩大你的同盟战线，结成更大的阵线。有时候，被说服者不难被你说服，但他身后存在着庞大的力量，很可能被人怂恿几句，思想又会产生波动，从而出尔反尔改变立场。所以，你面对的可能不是一个人，而是一群人。鉴于此，你应当注意从各方面增强自己的力量！比如，你可以通过给对方介绍一些有益的书籍、看一部好电影，或者求助一些与你见解相同的人一起帮你做说服工作。通过这一系列的技巧运作，你不但从各侧面帮助对方，而且对作为说服者的你也是一个有益促进，因为你也从多侧面的工作中提高了自己。

说服与批评之间，既有相似相通之处，又有相异相悖的地方。这是两个有部分外延交叉重叠的思想概念。

说服与批评，都有对人施加思想影响，从心理上让对方服从的主观意识。批评过程中常辅以说服，批评离不开说服；说服有时也带有批评，但说服不一定都是批评。比如，推销产品时，一般都是向对方大讲好话，极少有批评顾客的。被批评者，一般都有缺点和错误，批评的目的就是为了帮助对方改正这些缺点和错误。而说服对方则不同，是通过沟通让他人接受你的主张，在这个过程中总要或多或少能给对方带来一定的精神上或物质上的好处。说服的过程，就是宣传这种好处的过程，令对方信服过程。被说服者放弃个人的主张与接受你宣传的主张，不一定有正误之分，可能只有全面、完美的程度之别。

批评的态度较严肃或严厉，说话的语气也较重、较强硬；说服的态度较温和，说服的语气也较轻、较委婉。批评的话语，贬义词多于褒义词、否定词多于肯定词。接受批评，可能会属于自觉自愿，也可能多少带点勉强。接受说服，完全是自觉自愿，不带任何勉强。

现代社会民主意识日益增强，民主空气浓厚，普遍人们在解决矛盾纠纷、统一思想认识时，运用说服明显多于批评，协商多于命令。这样做的结果就是人际关系和谐，人心团结向上，社交往来活跃。虽然说服与批评在生活之中皆不可少，但我们还是希望在所有社交场合，多运用一些说服，减少一些批评。

2. 用事实说话，让说服的声音更有力

当一种思想观念在一个人头脑中形成很长时间以后，外人用话语的确是非常难以让它得到转变。在这样的时候,最好的办法就是用事实这种最有力的武器来说服他。

正所谓事实胜于雄辩,改变一个人对某件事的偏见,就要找到与他观念相悖的事实依据,自然而然地引进这个事实,并在时机恰当的时候阐述它,发挥它,使之真正成为你的有力论据。用事实说话,让说服的声音更有力。

3. 数据能有说服力

1,2,3,4,5,6,7,8,9,0,十个阿拉伯数字构成世界上最严谨的学科。相对于各种各样的大道理,简单明了的数字更直观,更有说服力。虽然我们也许对数字或多或少地产生麻木或厌烦的感觉。其实,这样的感觉是很正常的,因为数字只是代表事实的一种符号,而非事实本身。在说服他人时运用数字,要留意两个说服要领。

首先,除非十分必要,否则不要随便提出数字。你抛出的数字过多,不但会令对方感到纳闷而关闭心扉,而且也会令听众觉得你没人情味,因为你所关心的只是冷漠的数字。

其次,要设法为枯燥的数字注入生命,这也就是说,要阐述数字所代表的事实,成为一般人生活经验中的一部分。只有这样,人们对数字才感到亲切,也让数字更有说服力。举例来说,下面的第一种数字陈述方式若能改为第二种陈述方式,其影响力将显著加大。

A:"假如各位接纳我的提议,则公司每个月至少能节省

67453750元的开支。"

B："假如各位接纳我的提议，则公司每个月至少能节省67453750元的开支。从另一个角度来说，倘若这项节省下来的开支，能以加薪的方式平均分配给公司的每一位成员，则每一个人每一个月的工资将增加3500元。"

4. 要会揣摩被说服者的心理

通过提问，可以引导被说服一方去发现问题症结所在，也可以引导他们提出解决问题的方案。因此，提问是相当重要的技巧。

法国启蒙思想家伏尔泰说："判断一个人凭的是他的问题，而不是他的回答。"问题提得好，是说客成熟的一个重要标志。善于提问的人，能够让被说服者整理自己的思想和感受。

要想有效地运用提问技巧，你还得注意以下3个事项：

首先，提问清晰化。问题一般是针对对方的讲话而发的。事实上，这类提问的意图是——我已听到你的话，但我想确证一下你的真实意思。以清晰化为目的提问，是反馈给被说服者的一种形式，它可以使说话人的意思变得更加清晰明了。

其次，将问题加以有意识性扩展。有意识性扩展就是指你提问题的目的就是想知道更多的信息，比如对方优先考虑的事情是什么。事实上，你这样提问题就等于告诉对方：我理解你的意思，但我想知道得更多些的我关心的信息，请你继续说下去。

最后，转移话题。有一类问题在转移话题时很有用。在你这样提问的时候，你实际上是在说：我对你这方面的想法已很清楚,让我们换个话题吧。通过这样的提问,你的航船就会转舵到更加顺风顺水的方向上去。这样下来,对方的回答就会按照你的意图使问题不断扩展下去。

你的见解要与他人的需要、愿望、目标相结合,要时时注意从别人那得到反馈,这样你就会成为一名强而有力的说客。

中规中矩，在稳中求胜

显然说服别人是需要一定技巧的，其中最重要的是依循一定的步骤。像行军打仗一样，中规中矩，于稳中求胜，也可以形成排山倒海的气势。

1. 吸引对方的注意和兴趣

为了能够说服对方同意自己的观点，一定要做到将对方将注意力吸引到自己事先准备设定的话题上。利用"这样的事，你觉得怎样？这对你来说，是绝对有好处的……"之类的话转移他的注意力，让他愿意并且有兴趣往下听，并引起对方的共鸣，进而认可你的观点。

2. 明确表达自己的思想

明白、准确的表达能力是成功说服的首要因素。被说服者能否轻轻松松倾听你的想法与计划，完全取决于你如何巧妙运用你的语言技巧。

准确、具体地说明你所想表达的话题。比如"如此一来情况就会有很大的改观"之类肯定性质的话,能够更进一步引起被说服者的关注,更好的让对方能够充分理解你的意图。为了让你的说服力更加有力,少不了要引用一些比喻、实例来加深被说服者的印象。适当引用比喻和实例能使人产生更加具体的印象;能让抽象晦涩的道理变得简单直观、简单易懂;甚至使你的主题变成更明确或为人熟知的事物。如此一来,就能够顺利地让对方在脑海里形成鲜明的印象。

3. 动之以情打动对方的心

人世间,最具有感染力的事物就是真情。真挚的感情胜过千言万语。想要成为一个成功的说服者,在说服之前要准确地揣摩出对方的心理,才能有的放矢打动人心。通过你说服对方的内容,了解对方对此话题究竟是否喜好、是否满足,再顺势而为动之以情或诱之以利,告诉他"天下熙熙皆为利来,天下熙熙皆为利往"……不断刺激他的欲望,直到他跃跃欲试为止。

一般而言,人的思维和行动都是由意识控制的,即使有来自于他人或者外界的建议与强迫也不见得能使其改变认知。因此,想要以口才说服别人的人,必须意识到说服的主角不是自己而是对方。简而言之,说服的目的是借对方之力为己服务,而非压倒对方,因此,一定要从感情深处征服对方。

4. 提示具体操作法

在所有的前提准备工作准备妥当之后,你就可以告诉对方该如何付诸行动了。你必须让对方明白他应该做什么、做到何种程度最好等问题。到了这一步,对方往往就会很痛快地按照你说的去完成你的安排。

合理的理由是说服的关键

我们在说服别人的过程中最具说服力的方法,就是强调最大最关键最让人无法辩驳的理由。

多年以前,拿破仑·希尔曾应邀向俄亥俄州立监狱的服刑人发表演说。他一站上讲台,立刻看到眼前的听众之中有一位是他在十年前就已认识的朋友——D先生,D先生此前是一位成功的商人。

拿破仑演讲完毕后,和D先生见了面,谈了谈,发现他因为伪造文书而被判20年徒刑。听完他的故事之后,拿破仑说:"我要在60天之内,使你离开这里。"

D先生脸上露出苦笑,回答说:"希尔,我很佩服你的精神,但对你的判断力却深感怀疑。你可知道,至少已有20位具有影响力的人士曾经运用他们所知的各种方法,想使我获得释放,但一直没有成功。这是办不到的事。"

大概就是因为他最后的那句话——"这是办不到的事"——

向拿破仑提出了挑战。他决定向 D 先生证明，这是可以办得到的。

拿破仑回到纽约市，请求他的妻子收拾好行李，准备在哥伦布市——俄亥俄州立监狱所在地——停留一段时间。

拿破仑的脑海中有一项"明确的目标"，这项目标就是要把 D 先生弄出俄亥俄州立监狱。他从来不曾怀疑能否使 D 先生获释。他和妻子来到哥伦布市，买了一处高级住宅，像要永久住下去一样。

第二天，拿破仑前去拜访俄亥俄州州长，向他表明了此行的目的。

拿破仑是这样说的：

"州长先生，我这次是来请求你下令把 D 先生从俄亥俄州立监狱中释放出来。我有充分的理由，请求你释放他。我希望你立刻给他自由，为此我准备留在这儿，等待他获得释放，不管要等待多久。在服刑的期间，D 先生已经在俄亥俄州立监狱中推出一套函授课程，你当然也知道这件事：他已经影响了俄亥俄州立监狱中 2518 名囚犯中的 1728 人，他们都参加了这个函授课程。他已经设法请求获得足够的教科书及课程资料，而使得这些囚犯能够跟得上功课。难得的是，他这样做并未花费州政府的一分钱。监狱的典狱长及管理员告诉我说，他一直很小心地遵守监狱的规定。当然了，一个能够影响 1700 多名囚犯努力学习的人，绝对不会是个坏家伙。我来此请求你释放 D 先生，因为我希望你能指派他担任一所监狱学校的校长，这将可使得美国其余监狱的 16 万名囚犯获得向善学习的良好机会。我准备担负起他出狱后的全部责任。这就是我的要求，但是，在您给我回答之前，我希望您知道，我并不是不明白，如果您将他释放，而您又决定竞选州长连任的话，这可能会使您失去很多选票。"

俄亥俄州州长维克·杜纳海先生紧握住拳头，宽广的下巴显出坚定的毅力。他说："如果这就是你对 D 先生的请求，我将把他释放，即使这样做会使我损失 5000 张选票，也在所不惜……"

这项说服工作就此轻易完成了，而整个过程费时竟然不超过五分钟。

三天以后，州长签署了赦免状，D 先生走出监狱的大铁门，他再度恢复了自由之身。

希尔之所以能够成功地说服州长，和他的周密考虑和精心安排是分不开的。拿破仑事前了解到，D 先生在狱中的行为良好，对 1728 名囚犯提供了良好的服务。当他创办了世界上第一所监狱函授学校时，他同时也为自己打造了一把打开监狱大门的钥匙。既然如此，其他请求保释 D 先生的那些大人物，为何无法成功地使 D 先生获得释放呢？他们之所以失败，主要是因为他们请求州长的理由不充足。他们请求州长赦免 D 先生时，所用的理由是，他的父母是著名的大人物，或者是说他是大学毕业生，而且也不是什么坏人。他们未能提供给俄亥俄州州长充分的动机，使他能够觉得自己有充分的理由去签署赦免状。

希尔在见州长之前，先把所有的事实研究了一遍，并在想象中把自己当作是州长本人思考一遍，而且弄清楚了，如果自己真的是州长，什么样的说辞才最能打动州长。希尔是以全美国各监狱内的 16 万名男女囚犯的名义，请求释放 D 先生的。因为这些囚犯可以享受到 D 先生所创办的函授学校的利益。他绝口不提他有声名显赫的父母，也不提自己以前和他的友谊，更不提他是值得我们帮助的人。所有这些事情都可被用来作为请求保释他的理由，但和下面这个更大、更有意义的理由比较起来，就显得没有太大的意义了。这个更大、更有意义的理由是，他的获释将对另外的 16 万名囚犯有很大的帮助，因为他获释之后，将使这些囚犯享受到他所创办的这个函授学校的好处。因此，拿破仑·希尔靠着这个最大最关键的理由获得了成功。

说服他人应注意的事项

美国纽约大学演讲系教授阿尔文·C·巴斯和理查德·C·博登用了7年时间,亲自聆听了上千次的各种人之间的实际争论。通过研究,他们得出了有趣的结论:那些职业政治家、联合国的代表很少能说服对方,他们取胜的机会远远没有商店店员、公司职员多。政治家们总是力图击败对方,而职员及商店的店员则力图说服对方或让顾客转变自己的看法。这就是说,政治家们更多的是进行一场没有结局的争吵,而职员们通常是进行一种双赢的说服。那么说服他人应该注意哪些事项呢?

1. 要优雅地通过语言展现你的魅力

说话时若能运用恰当的词汇,并将声音的魅力显现出来,自然会让人想继续聆听。

优雅用词造句的要点包括:第一,说完整的词句,不要吞吞吐吐或欲言又止,"嘴里半句肚里半句"。否则会让人觉得不爽快,事情严重的时候还会让你沟通的对象对你的人格产生质疑情绪。第二,不说粗话。说粗话的情况并非仅存于中低劳动阶层,有许多学识深、地位高的"高级人士"在自己遇到稍微不顺心的事时也会说一句两句粗话。在公众场合说粗话对个人的形象伤害很大,更是一种听觉上的污染,给听者的情绪带来不快。第三,避免冗长无味或意思重复的言语,也不要采用流行语、口头禅作为开场白。第四,不要用"嗯""喔"等鼻子发出的具有懒惰的表现的声音来表达个人意见的同意与否。使用优雅的词汇进行交流要注意语言的通俗易懂特点。

2. 说得多不如说得巧

明武宗时,秦藩请求加封陕边地,而此地战略上十分重要,与国家社稷的关系更是紧密相连,但是皇上受人撺掇,已经同意了,叫大学士们起草一个加封的诏书。梁文康承命起草了这份诏书,他巧妙地采用正话反说的方法表达了劝阻皇帝、改变封地的意见。

他写道:"过去皇太祖曾诏令说:'这块土地不能封给藩王,不是吝啬,而是考虑到它的地广物丰,藩王得到后一定会多养士兵马匹,也一定会因富庶而变得骄纵。如果此时有奸人挑拨引诱,就会行为不轨,有害于国家。'现在藩王既然恳请得到这块土地,那么就加封吧。藩王得此地之后,不要在此收聚奸人,不要在此多养士兵马匹,不要听信坏人挑唆,图谋不轨,扰乱边境,危害国家。否则,那时想保全自己的妻子儿女都不可能了。

请藩王在此事上慎之又慎,不要疏忽。"

皇上看到诏书很忧虑,觉得不把此地封给藩王为好。梁文康在这里运用了巧妙的说服战略,阻止了土地的滥封。

这个故事说明在说服的过程中,与其喋喋不休地进行劝说,不如通过巧妙的方法进行点拨。前者令人生厌,效果甚微;后者巧妙而简洁,说服效果也很显著。

3. 以商量的语气更容易说服他人

如果你要人家遵照你的意思去做事,用商量的口气更容易让人接受。

在一个盛夏的中午,一群工人在休息,一位监工走上去把大家臭骂一顿,工人们害怕监工,当然立刻站起来去工作了。可是当监工一走,他们便又停手了。如果那位监工上前和颜悦色地说道:"朋友,现在这些工作很要紧,我们少歇一会来赶一赶工好吗?我们早早干好了,早早回去洗一个澡休息,怎么样?"如此,工人们当然会一声不响地忍着暑热去工作。

无论你的意见和对方意见的差距有多大,冲突有多厉害,我们都要表现出一切都可以商量的态度,并且相信,无论怎样艰难,大家都可以得到比较接近的看法。

4. 善于与他人达成一致

任何一个人在实现人生的各项愿望的过程中,都难免会遇到需要与他人合作的时候,这意味着你在一生中都要与他人沟通。而别人对你的协助意愿和配合程度,往往决定了你是否能顺利以及是否能加速达成目标。

好的沟通技巧及说服力，可让你建立良好的人际关系，获得更多的机会与资源，减少犯错的机会和摸索的时间，得到更多人的支持与协助。

设下"话套"把对方套牢

打牌时,为了使对家给出对自己构成威胁的那张牌,会采用放分引诱的方法,其实也就是设一个圈套。在我们的生活中,这种技巧可以说随处可见。

老张10年没见的朋友来了,家里为了迎接贵客来访,忙得不亦乐乎,连出去买酒的时间都没有。老张只好叫来10岁的小儿子,让他去附近的小店买瓶杏花村回来。酒买回来,老张发现原来是假货,于是让儿子拿着那瓶假酒跟着他去了小店。进店之后即让店主拿过一瓶杏花村来。老张一边拿着杏花村酒一边仔细的查看,并自言自语道:"唉,这年头假酒太多了!"店主马上抢过话头:"你放心,我这里绝无假货!"老张接着慨叹道:"哎呀,上次我在市中心的一家店也是买了一瓶杏花村,店主还不是打包票说绝对不假,谁知打开一看——才是2块钱一斤的高粱酒!"店主道:"你去找他呀!"老张哭丧着脸说:"已经过了好几天才开瓶发现的,他还会认账吗?"店主惋惜地说:"你当时发现就好了,看他还敢不认账!"老张认真请教:"要是当时发现了,他还是不认账那怎么办?""找工商局去呀!人赃俱获,他能不怕吗?"

父亲见时机已到,向躲在一边的儿子一招手,将那瓶假酒放到店主面前,说:"那好!刚刚从你这里买的假酒,你看怎么办吧?"店主一下傻了眼:"啊……对……对不起,对不起!我退款,我退款!"

老张巧妙的问话实则就是设了一个圈套,使黑心店主在不知不觉之中走了进来,为我所用,最后如愿退掉了假酒。

通过这个在日常生活中常见的简单例子,我们不难看出:巧设圈套确实是一条妙计,但同样也是有一定难度的。因为你必须全面地掌握对方的情况,摸清对方的底,根据对方的特点去设局;否则,偷鸡不成反蚀一把米,那就亏大了。

所以说,给对方设圈套,不仅是个小"工程",而且还是个大"计谋"。另外,在设"圈套"的时候还需要注意几点:

1. 适时出手

如果你对对方的情况还不了解,那自然谈不到设圈套的程度。另外,设一个圈套想要达到什么样的目的?能不能让对方跟着你的思路走?当时的氛围适不适合?这些都是需要考虑的问题。操之过急或行之迟缓,都不相宜。

2. 自然巧妙

想要设置圈套,那自然是要让对手按照自己的愿望去回答,去发展。所以,就要求这个圈套必须设得天衣无缝,毫无破绽。使对手在浑然不觉的情况下,跟着你的思路一步一步地落入预定陷阱。就像案例之中提到的老张,正是因为他漫不经心的询问,才有了店主毫不设防的回答,最终取得退酒成功。

巧用"激将法"来说服

俗话说："劝将不如激将。"所谓激将法，就是利用他人的自尊心和逆反心理积极的一面，从相反的角度，以"刺激"的方式寄予良好的愿望，以激起"不服输"情绪，使其产生一种奋发进取的"内驱力"，将自己的潜能发挥出来，从而得到不同寻常的说服效果。

运用激将法激励士气，引爆杀敌勇气的导火索，是将帅带兵打仗的一种艺术。激将法也是一种说服人常用的技巧。使用激将法，往往能够使被说服者感情冲动，从而去做一件他在平常情况下可能不会做的事；激将者还可以激起对手的愤怒感、羞耻感、自尊感、妒忌感或者羡慕感等等，在这种情况下，处于激动之中的对象，是想不到怎样上了激将者的当的。

诸葛亮在选人用将方面，非常善于运用激将法，来激励将士杀敌作战的勇气和智谋。例如，在刘备夺取汉中的作战中，诸葛亮就曾连续两次使用激将法，调动老黄忠用智破敌的积极性，使这位年近七十的老将军,在这次作战中战功彪炳,成就千古流芳的名声。

诸葛亮第一次激黄忠,是在曹军将领张郃率重兵攻打葭萌关时。守关将领抵挡不住,连忙向成都告急。《三国演义》中写道:

玄德闻知,请军师商议。孔明聚众将于堂上,问曰:"今葭萌关紧急,必须阆中取翼德,方可退张郃也。"

法正曰:"今翼德兵屯瓦口,镇守阆中,亦是紧要之地,不可取回。帐中诸将内选一人去破张郃。"

孔明笑曰:"张郃乃魏之名将,非等闲可及。除非翼德,无人可挡。"

忽一人厉声而曰:"军师何轻视众人耶!吾虽不才,愿斩张郃首级,献于麾下。"

众视之,乃老将黄忠也。

孔明曰:"汉升虽勇,怎奈年老,恐非张郃对手。"

忠听了,白发倒竖而言曰:"某虽老,两臂尚开三石之弓,浑身还有千斤之力,岂不足敌张郃匹夫耶!"

孔明曰:"将军年近七十,如何不老?"

忠趋步下堂,取架上大刀,轮动如飞;壁上硬弓,连拽折两张。

孔明曰:"将军要去,谁为副将?"

忠曰:"老将严颜,可同我去。但有疏虞,先纳下这白头。"

玄德大喜,即时令严颜、黄忠去与张郃交战。

果然,老黄忠经诸葛亮这一"激",精神抖擞,斗志昂扬,与老将严颜二人默契配合，把进攻葭萌关的曹军杀得大败，并一举夺取了曹操在汉中囤积粮草的战略要地——天荡山。

诸葛亮第二次激黄忠，是在老黄忠夺取天荡山后，奉玄德之命要去攻打定军山时；这时诸葛亮却说，定军山守将"夏侯渊非张郃之比也"，他"深通韬略，善晓兵机"，只有荆州的关云长"方可敌之"。

黄忠听后奋然提出，这次攻打定军山"不用副将，只将本部三千人去，立斩夏侯渊首级"。

孔明又再三不容，但黄忠硬是要去。诸葛亮只好派法正作为监军随同前去。结果，老黄忠在法正的协助下，计斩夏侯渊，又乘胜夺取定军山。

这个小故事告诉我们，激将法既可用于敌，又可用于己。用于敌时，目的在于刺激敌方将军的神经，使其失去理智，采取鲁莽行动，从而受制于我方。这种用法比较多见，一般是在我欲速战、敌欲持久时运用此招，来引诱对方在不利情况下与我交战。

激将法用于己时，目的则是要振奋将领、部下、士卒的杀敌激情。

德国军事理论家克劳塞维茨说过，每个军人都具有强烈的荣誉感和英雄主义精神。而这种荣誉感和英雄主义精神一旦爆发出来，就会变成不可阻挡的力量。激将法正是冲撞这种激情之火的燧石，引爆杀敌勇气的导火索。运用激将法激励士气，是将帅带兵打仗的一种艺术。它要求在使用中，要针对将领的性格特点和所处的客观情况，灵活实施。

处理分歧与对立的黄金准则

在生活与工作中,人们不可能具有同样的想法。在推广新战略,引入新方法、新技术的工作空间中,种种不一致的观点会在所难免地演变为激烈的辩论或冲突。在这个社会上,任何一个人都不可能"天天碰到笑脸",因此也不可能"天天都是好心情"。

我们在日常工作中,经常面对意见分歧,经常遇到与自己想法不同的人。怀有分歧、心存反对的人无非就是在方向选择和对利益的认识上有所不同。尽管分歧乃至对立会使人们的关系变得紧张,但黄金准则在这时能帮上忙。就是,你希望别人如何对待一个持不同意见的你,你就应该如何去对待那些持不同意见的别人。

就此而言,当你不同意他人的观点和看法时,或面对那些与你存在分歧甚至对立的人时,站起来与他针锋相对地争论一番并非上策,而如果能巧妙地运用说服力,相信定会是另一番风景。具体来说,说服不是批判,不是斗争性、对抗性的。在试图说服那些与自己意见不一致的人时，我们不能把他们当作对手或敌人，而是当作平等的伙伴。对这样的人进行沟通，不是为了让他们言听计从，而是为了让他们接受那些对他们有益却因为种种原因还没能理解的东西。归根结底，说服是一种和平的事业，即使争吵，取胜的一方也要和"失败"的一方和平相处。一旦考虑到这种"和平共处"的价值，在语言上战胜对方就绝非上策了。

不考虑对方利益且又盲目地投入争论的人，大有一种过了今天不管明天的偏激心态，但明天总会到来，但那时又该如何弥补今天犯下的错误呢？

美国科学家、政治家本杰明·富兰克林在他还是涉世不深的青年时，有个关心他的人对他说："本杰明，你真是无可救药。对意见与你相左的人，你总是粗鲁地加以侮辱，致使他们也不得不尽力反击。你的朋友认为，若是你不在他们身旁，他们会更快乐自在。你懂得太多，所以他们觉得自己没有什么话可以对你说。"这一番话对富兰克林起了警醒的作用，他在自传中写道："从此之后，我立下规则，我不再直接反对并伤害别人，也不过于伸张自己的意见。假如有人提出某种主张，而我认为是错的，我不再粗鲁地与他们争辩。相反地，我先找出一些特定的事例，证明对方可能也是对的，只是在目前状况下，这些看法'似乎'有些不妥。"结果，富兰克林发现情况有奇迹般的转变："经过这样的改变后，我发现受益颇多。和别人交谈，气氛显得愉快了，由于采取一种谦和的态度，别人在接受我的意见时也不会发生争论；如果我是错的，则不会有人攻击我而使我受辱；而在'我对，别人错'的状况下，则更容易说服对方转而同意我的看法。"富兰克林由此走上了一条成功之路，使他的智慧为越来越多的人所承认。他的思想也影响了他生前及逝后的几代美国人，他也成为一代历史伟人。

　　说服，或真正的说服力就是形成被说服者的内在服从效应。它与借助权力威胁的不同之处在于，说服者认为他与被说服者是平等的，被说服者有具有某种观点、看法、态度及采取某种行为方式的自由。与交换、魅力所形成的确认式服从不同，在形成内在式服从的过程中，说服者也许根本就没有什么魅力或利益上的吸引力。被说服者之所以服从并不是因为说服者的缘故，说服者提供的信息才真正具有价值，起到修正或者改变被说服者的感知方式、理解及解释方式的作用，从而使内在化服从者最终对身边的事物采取了一种新的反应及行为方式。

第五章

做好铺垫工作,说服才能水到渠成

先赞美对方为自己的说服做铺垫

被说服者在做出妥协决定之前往往会从多个方面进行综合考虑,他们既要考虑自身的重要需求,也要考虑有关说服者话语所表达出来的一系列具体情况。

因此,在说服过程中,成功的说服者虽然要以说服对方为目的,但是却不可奢望被说服者会在一开始就做出全盘肯定的决定,而要根据被说服者的需求以及他们在沟通过程中的具体反应来理顺你的说服头绪,然后针对沟通过程中可能遇到的具体问题进行有针对性的逐个击破。

在各种铺垫中,靠赞美对方为自己的说服做铺垫,这种说服技巧效果尤为突出显著。

美国著名人际关系学大师戴尔·卡耐基是不动产理论的坚决拥护者,他认为,房子还是自己的好,租来的住着到底不安心。有一段时间,他想把自己的旧公寓租出去,所以想了解一些房屋出租的事宜。于是,他来到了一家房屋中介公司。

一走进这家公司，卡耐基就说："我想询问一下有关租屋的规定……"

但是，经理的回答却出乎卡耐基的意料，让他的头脑有点发起晕来。

"天哪，您不就是戴尔先生？您就是那位曾经写过书的戴尔·卡耐基先生，我说得没错吧？"

"是的，我是曾经出版过一些书籍，但是，我到这里来，是因为……"

"真的是您啊！刚接到您的电话时我就在想，这个名字好像在哪儿听过，果然让我猜中了。您就是《人性的弱点》一书的作者吧！请您稍等一下。"

说完，经理走进了自己的办公室。不一会儿，他手里拿着卡耐基的书，走了过来。

"让您久等了，您看，是这本书吧？"

"是的，您能够赏识拙作，我实在感到万分荣幸！"

"您太客气了。以前我虽然嘴快反应好，但却没有出众的口才，无意中我在书店发现了您的作品，觉得这本书写得相当不错，内容既浅显易懂又具体，带给我很大的帮助。今天能够在这里见到您，真是万分荣幸！"

"承蒙夸奖，我也很荣幸能够结识您。拙作能够对您有所帮助是我最大的快乐，谢谢您的指教。"

"您说您今天到这里来是干什么的？是想了解公寓出租的规定，是吧？让我们先来看看现今房屋市场的状况好吗？请容许我向您介绍一下最近的情况……"

"麻烦您了,我洗耳恭听!"

接着,这位经理向卡耐基详细介绍了房屋市场的现状。最后,他向卡耐基提出了自己的建议。

"从长远角度来看,我认为您与其出租房子,不如把它卖了。因为公寓将来肯定是要改建的,而目前公寓供需并不太平衡,如果在这种情况下赶快将它脱手,绝对是个明智的选择。不知您的看法如何?当然,如果您真的想把它租出去,我也一定能为您找到一个好房客的。但我认为……噢,当然,一切还是由您自己决定比较好。"

"我明白了,请让我考虑一下好吗?"

要知道,长久以来,卡耐基可是个忠实的不动产持有论的支持者,但听完经理的这番话,他却动摇了。

经过一个晚上的考虑,卡耐基最终决定听从经理的建议,把房子卖掉。

在这个例子中,这位经理非常成功地说服了一个不动产持有论的支持者,使他改变了原先出租房子的念头,把房子卖了出去。

为什么卡耐基会改变自己的初衷呢?

其实,是这位经理运用了独特的说服策略,即用卡耐基的著作做文章。

卡耐基一走进公司,他就声称读过他的书,并且对这本书作了高度的评价。

这一切，自然使得卡耐基心花怒放，因此，就会很乐意听从经理的意见。而经理也抓住了这个机会，不住地诱导卡耐基，使其最终接受了自己的建议，将出租改为了出售。此时，经理也达到了自己的目的。

利用自己的良好印象做文章

对于那些能够满足自己的要求和欲望的人，大部分的人都会抱有好感，并且也会乐意听从他的吩咐，接受他的意见。

比如，有位下属平时工作非常认真，人际关系也很好，更难得的是，他总能在公司出现紧急情况时提出一些合理可行的意见，从而使公司渡过危机，为公司创造了巨大的利益。由于这些原因，上司对他很器重，很重视他的话，每次他提出建议时，上司都会认真考虑。对员工来说，能够得到上司的信任的确是件令人高兴的事情，但他并没有因此而趾高气扬，还是像往常一样，认认真真地做好自己分内的事。因此，上司和同事们对他更是称赞不已，也更愿意和他共事了。

有一天，这个下属为了一件事，想和上司好好地谈一谈。他来到上司的办公室里，客气地说："科长，不知您今天下班后是否有空，我有件事想与您商谈，可以吗？"

"当然可以，我们下班后就到公司附近的那间咖啡馆去谈吧！"上司爽快地答道。

科长心里想，下属一定是在工作上又有什么好的建议了，因此感到非常高兴，下班后，他欣然赴约。

"你有什么事要说吗？之前你所提的兴建厂房、扩充业务的计划为公司带来了很大的效益，我代表全公司向你表示感谢。如果你又有什么新的计划，我一定会呈报部长，请他采纳你的建议。"一坐下，科长便问道。

"承蒙您的关照，我的工作才能做得好，在这里我向您表示感谢了。不过，这次我想说的不是这些。"下属欠欠身，答道。

"不是这些？那是什么呢？有什么不妨直说吧。"科长很惊讶，问道。

"是这样的，前几天，我从人事部的同事口中得知了今年到美国留学的相关手续与制度，我也想到美国去留学。我没有别的意思，请您不要误会。一直以来，我对现在从事的工作抱有很大的兴趣，因此，我想到美国进一步深造。所以，当我听了有关留学的事情之后，就非常想去。科长，这件事就拜托您了，请您务必帮我实现这个愿望。"

"什么？留学？这件事确实有点难办，你知道，失去你对公司来说，可是一大损失呀。你真的很想去留学？不可以再考虑一下吗？公司很需要你，我们都希望你能留下来。"上司很诚恳地说。

下属说道："很抱歉，我真的很想去。不管是从年龄还是在人事安排上，这次都是一个极好的机会，请您务必帮我完成这个心愿！"

上司想了想，说道："我明白了。你之前为公司出了不少力，也为我争了不少光，为了你的前途着想，我也认为你应该出去留学，毕竟这也是为公司的将来做贡献嘛。好吧，我会帮你向上级主管说的，你就放心吧。"

"那就太谢谢您了。"

当然，这位员工的说服获得了成功。对于上司来说，越是自己倚重的部属，越不会轻易地放他走。这是因为，每个上司都需要有精干的幕僚留在身边，为自己出谋策划。

但这位上司为什么会放走自己的爱将呢？这就要归功于这位下属以往的表现。在过去，这位部属对上司是有求必应，为上司挣足了面子，因此，他的话在上司的心中有相当的力量，他也能够很容易地说服上司。正是这些原因，使得他能够说服上司放自己走，并为自己铺路搭桥。

只有放出长线才能钓到大鱼

求人办事不能心急,越急越不行。并且,有时候为了达到大的目标,必须要早设铺垫。这就是所谓的"放长线,钓大鱼"。

唐代京城中有位窦公,聪明伶俐,极善理财,但是,因为出身贫寒,财力绵薄,难以施展赚钱本领。实在借钱无路,他便想从小处赚起。

打定主意后,他便在京城中四处逛荡,寻求赚钱门路。有一天,他来到郊外,却见青山绿水,风景极美,附近有一座大宅院,房屋严整。他连忙向附近的居民打听,原来是一宦官的外宅。

他来到宅院后花园墙外,只见一水塘,塘水清澈,直通小河,有水进,有水出,但因无人管理,显得有点零乱肮脏。窦公暗想:生财之路终于到来了。

他找到水塘的主人,想要买下这片水塘。水塘的主人因觉得那是块不中用之地,就很爽快地以很低的价钱卖给了他。

窦公买到水塘，又借了些钱，请人把水塘砌成石岸，疏通了进出水道，种上莲藕，放养上金鱼，围上篱笆，种上玫瑰。这样一来，周围的风景更是迷人了。

第二年春天，那名宦官休假在家，逛后花园时闻到花香，到花园后一看，直馋得他流口水。窦公知道鱼儿上钩了，立即将此地奉送。宦官有感于他的慷慨，经常约他到家中游玩，没过多久，两人便成了朋友。

一天，窦公装作无意，谈起想到江南走走，宦官忙说："那边我有几个熟悉的朋友，我给你写上几封信，让地方官吏多加照应。"

窦公带了这几封信，往来于几个州县，贱买贵卖，又有官府撑腰，没几年便赚了大钱。之后，回到京师，建造了舒适的房屋，过上了富裕的生活。在这里，窦公没有向宦官请求帮忙，而宦官却主动帮忙，不能不说窦公此举实在高明。

善于放长线、钓大鱼的人，看到大鱼上钩之后，总是不急着收线扬竿，把鱼甩到岸上。他会按捺下心头的喜悦，不慌不忙地收几下线，慢慢把鱼拉近岸边。一旦大鱼挣扎，便又放松钓线，让鱼游窜几下，再慢慢收钩。如此一收一弛，待到大鱼筋疲力尽、无力挣扎，才将它拉近岸边，用网兜拽上岸。

说服别人也是一样，如果追得太紧，别人反而会一口回绝你的请求，只有放出长线耐心等待，才能钓到大鱼。

在提出自己的要求前先赞美一下对方

求人办事时,如果能够先赞美对方几句,会让对方的心里乐滋滋的,对方心情一好,什么事不都好说了吗?因此,在提出自己的要求前,最好能够赞美一下对方,好为自己的要求做一些铺垫。

有位生性高傲的处长,一般生人很难接近,他的生硬冷漠面孔常使人望而却步。有位外地来的办事员听说了他的脾气,一见面就微笑着递了一支烟说:"处长,我一进门就有人告诉我,处长是个爽快人,办事认真,富有同情心,特别是对外地人格外关照。我一听,高兴极了。我就爱和这样的领导共事,痛快!"

此时,处长的脸上立刻露出一丝笑容。接下去谈正事,果然大见成效。并且,处长的态度也非常友善,简直像换了个人似的。

高傲者大多数人都非常看重自己的形象,并且自我感觉良好。因此,与他们打交道时,不妨采取投其所好的方式,对其业绩、学识、才能等方面给予实事求是的赞美,使其荣誉心、自尊心得到满足。这样,就可以从心理上缩短距离,同样能起到左右他们态度的作用。

上例中这位办事员的成功，很大程度上是得益于开头的那几句恭维话。这样，对方就不好意思对一个尊敬自己的人变得冷漠，露出难看脸色了，并且他会在维护自我形象的心理支配下，不得不变得和蔼可亲起来。

当然，恭维不可以随便乱用，在使用时，一定要注意以下两点：第一，要实事求是。恭维的内容不是无中生有，而是确有其事，只有这样，对方才会真正感到高兴。如果一味进行肉麻的吹捧、拍马屁，清醒的高傲者会把他当成小人而敬而远之。第二，赞美要适可而止。赞美在这里不过是使高傲者改变态度的手段，是交际的序幕。如果一味赞美，而不及时转入正题，就失去了意义。

做好充分的准备和巧妙的安排

咱们中国人，素来讲究天时地利人和。在我们试图说服别人时，一定要为自己的说服创造有利条件，做好铺垫，并要选择恰当的时间和地点，把握好时机去实施说服行动。只有这样，才能够水到渠成，很容易地达到说服的目的。

曾经有一位的实业家，已七十多岁了，仍活跃在商界。他有个儿子，自认为是房地产开发专家，一头栽进一个公寓计划中，而这位纵横商场几十年的老先生知道，他没这个本事，也没这个实力。因此，老先生不想让儿子用自己的资金做这件事情，因为这些钱都是自己辛辛苦苦赚来的，不能就这样白白浪费了，他决定替儿子向银行贷款。

于是，老先生找来他的会计师——做事一丝不苟、无懈可击的霍夫曼太太，让她替自己安排与银行代表魏得曼先生见面。约会的时间和地点都是老先生选择的。等他们安排好一切，魏得曼先生准时赴约。此时，老先生可谓是有备而来，他挑的银行、时间和银行代表,一切都配合得天衣无缝。并且,老先生还知道魏得曼先生有两大嗜好——网球与歌剧,他准备就在这两方面做文章。

见面后,大家先谈了一些无关痛痒的客套话,接着,老先生就开始了自己的计划。老先生是一个不太爱说话的人,但此时,他居然滔不绝,说了很多很有趣很有意思的事情。

他先谈网球,讲了自己在1931年参加温布尔敦网球大赛第一回合的比赛的事情,当时的很多事情又浮现在眼前,他讲得不仅生动而且感人,这让魏得曼先生听得入了迷。接着,他又谈到了歌剧,对毕洛特(德国巴伐利亚地区纽伦堡东北的一个城市)举办的瓦格纳40周年歌剧纪念大会进行了评论,对于其中的精彩节目,他更是如数家珍。

下班钟响了,服务员过来清理桌子——回家的时间到了。一向下班很准时的魏得曼先生,用手指头紧张地、轻轻地敲打着桌上那份老先生的档案。他希望就在这个下午能和老先生达成协议,好让自己能在星期一的例行会上,把案卷呈给上级看。而老先生却一言不发,只在一旁若无其事地等着。

5点10分,老先生起身,跟魏得曼先生握了握手,说这次会谈让他很愉快,不过他还有事得先走一步了。当魏得曼帮他穿上大衣、两人转身走向电梯时,这趟会面的真正目的才真正起了个头:他们碰到了霍夫曼太太。

霍夫曼太太装作很惊讶的样子,问道:"老先生,你不是来谈抵押贷款的事吗?"

老先生也故装惊讶,问道:"抵押贷款?霍夫曼,你要我来是谈有关贷款的事吗?"

"当然啦。"

接着,两位先生就在电梯旁谈妥了一切事宜。当然,在贷款时,贷款利率是件让人头疼的事情。而此时,魏得曼先生很爽快地提出了贷款利率为6.18%,而通常银行贷款的利率是7%,这个条件可以说好得不得了,老先生当然很愿意接受。

在这个例子中,我们可以看出,在我们试图说服别人时,一定要为自己的说服创造条件,做好铺垫,并要选择恰当的时间和地点,把握好时机,只有这样,才能够水到渠成,很容易地达到说服的目的。

给对方尊严为自己的说服做铺垫

在你的说服对象是一个坏人时,你首先得消除自己心中的歧视心理,把他当成一个好人、一个值得尊重值得信赖的人来看待,只有这样,才能走进对方的内心,也才会真正地达到说服的目的。

在说服时,如果能够给足对方尊严,会让自己的说服更到位。在古代,有人就用这种方式,轻而易举地制服了当地的盗贼。

西魏时期,在雍州北部一带,经常有盗贼出没。因为这一带山林茂密,盗贼进退很方便。因此,官府始终无法将他们缉拿归案。

作为本地的刺史,韩褒心里十分着急,便派手下暗中探访。结果查明,这些盗贼全都是当地的豪门大族里的子弟。如果直接将他们逮捕,会得罪这些豪绅,对自己肯定没有好处;但要是不管不问,又对不起朝廷委以的重任与当地百姓的信赖。思来想去,韩褒终于想到了一个绝妙的方法。

韩褒先假装不知,对这些豪门大族还是客客气气的,见面时仍以礼相待。过了些天,他把这些人及其家人都召集起来,开了一个大会。

在会上,韩褒用恳切的语气说:"我这个刺史是个书生起家,不懂得缉拿盗贼。而本地近来盗贼猖獗,着实扰乱了百姓的生活,因此,只好仰仗诸位来分担这个忧愁了。"说罢,便将本地分为不同的地段,将那些平时在乡里为非作歹的子弟派往各个地段,做那里的临时主管。并且规定,在任职期间,如果发现盗贼而不捕获,按故意放纵论处。

那些被任命的少年都十分惊恐,赶快跪下,认罪说:"前时发生的偷盗案子,都是我们干的。我们知道错了,任凭大人发落。"韩褒将他们扶起,赦他们无罪,不过要他们将功赎罪,即让他们协助自己彻底扫清盗贼。

听到这样的安排,这些子弟们都变得非常积极,把所有党徒同伙的姓名全部列出。对于那些逃跑躲藏起来的,也都说出了躲藏的地方。韩褒拿过名单,嘱咐那些子弟们一番,先打发他们回去。

第二天,韩褒命人在雍州城门边贴上一张告示。告示上写明:曾干过盗贼的人,赶快来州府自首,官府会免除他们的罪。如果过了这个月还不自首,除当众处决本人外,还要登记没收他的家产和妻女,赏给先前自首的人。

十天之后,众盗贼果然全部都来自首了。韩褒拿过名单一一核对,一个不差。韩褒也说到做到,赦免了他们的罪,让他们改过自新。从此之后,这些人果然再也不敢为恶了。

那些坏人,哪怕是大奸大恶之人,内心深处都有尊严,不希望被当众羞辱。他们之所以会作恶多端,是因为他们认为自己已经犯了禁忌，已经被人瞧不起了，所以索性破罐子破摔，更加放肆起来，也顾不得什么尊严和脸面了。

但是，在他们的内心深处，还是希望别人能够尊重自己，给自己面子。因此，当有人真的这么做时，就会立刻唤醒他们的自尊、尊严以及荣誉之类的积极情感，他们会赶快转变方向，按着这个人希望的方式行事。

在这则故事中，韩褒正是利用了人性的这个特点，给了这些盗贼们充分的尊严，让他们在自尊心得到满足的情况下心甘情愿地改过自新。

第六章

说服过程中的心理策略

说服的过程就是一场心理战

俗话说:"商场如战场。"而在商场上必然产生的每一次商业谈判则成了谈判者斗智斗勇的火线,每一次谈判都好像是一次心理较量,谁的心理足够强大,谁就能在硝烟四起的战场中撑到最后,谁就是最大的赢家。那些卓越的谈判者,绝对是一个强劲的心理学家,即便不是最专业的心理学家,他也绝对是内心十分强大的人。谈判,从形式上说是打口水战,其实,每一句话,甚至每一个词语都是谈判者经过仔细斟酌而说出口的。所以,也许我们所看到的或听到的谈判仅仅是靠一张嘴,但嘴巴后面所代表的却是谈判的心理,因此,一场谈判其实就是心理较量。

斯科特先生是一家食品店的老板,库尔曼曾向他推销自己所在保险公司有史以来最大一笔寿险:6672美元。当库尔曼向斯科特先生问道:"斯科特先生,您是否可以给我一点时间,为您讲一讲人寿保险?"斯科特:"我很忙,跟我谈寿险是在浪费我的时间。你看,我已经63岁,早几年我就不再买保险了。儿女已经成人，他们生活得都很好，现在我和妻子与一个女儿一起住，即便我有什么不测，她们也有钱过舒适的生活。"

换了别人，斯科特这番合情合理的话，足以让他心灰意冷，但库尔曼不死心，仍然向他发问："斯科特先生，像您这样成功的人，在事业或家庭之外，肯定还有些别的兴趣，比如，对医院、宗教、慈善事业的资助。您是否想过，您百年之后，它们可能无法正常运转？"

见斯科特没说话，库尔曼意识到自己问到了点子上，于是趁热打铁说下去："斯科特先生，购买我们的寿险，不论您是否健在，您资助的事业都会维持下去。7年之后，假如您还在世的话，您每月将收到5000美元的支票，直到您去世。如果您用不着，您可以用来完成您的慈善事业。"

听了这番话，斯科特的眼睛变得炯炯有神，他说："不错，我资助了3名尼加拉瓜传教士，这件事对我很重要。你刚才说如果我买了保险，那3名传教士在我死后仍能得到资助，那我总共要花多少钱？"库尔曼答："6672美元。"最终，斯科特先生购买了这份寿险。

可以说，以上这个案例是一次成功的谈判。在实际谈判中，最忌讳的是当我们说出自己的某些想法或观念之后，所遭遇的是对方冷漠的态度，这会使整个谈判陷入一种僵局，假如不及时缓和气氛，或者说几句话暖场，那我们的谈判有可能会遭遇失败。在这个案例中，库尔曼也遭遇了这样的窘境，不过，信心十足而又机智的他并没有引导谈判走向死胡同，而是转换了一个话题。

斯科特在听到了购买寿险可以帮助自己做慈善事业后,开始表现出极大的兴趣。在库尔曼的心理诱导下,斯科特开始重新审视购买寿险这件事,最终库尔曼做成了这笔交易。

那么,就实际谈判中,宏观地说,我们该以哪些方面去培养心理策略呢?

1. 制订正确的谈判心理战略

所谓谈判的战略,那就是双方对谈判的态度和所要达成的目标。双方是出于什么样的目的坐到谈判桌前面,搞清楚这个理由,然后才能明确地制订出自己的底线和要力争的最好结果,这才是谈判的战略。谈判心理战略需要简单明确,以谈判心理战略形成的心理战术可以临场发挥,随机应变,具备灵活性。当然,完整的谈判心理策略形成的基础源自双方所需要达成的最终谈判目标。在此,我们不仅需要知己更要知彼,通过细枝末节去了解对方的心理动态,这样才能制订出正确的谈判心理策略。

2. 永远备有后路

在实际谈判中,我们对自己和对方都需要备有后路,我们应该知道,即便是最强势的咄咄逼人的谈判高手,也会适当留给自己或谈判对方一定回旋的余地。稍有不慎,假如把自己弄得下不了台,那这样的窘境就会在谈判双方的心理上导致微妙的变化,甚至会影响最终谈判胜负的天平。谈判者需要记住这样一句话,永远为自己留条后路。除了你已经确定把对方逼到了对自己有利的死角,我方已经完全能够控制对方挣扎的局面,否则一定要给对方留有余地。

3. 所列出条件的次序很重要

通常情况下，作为谈判的另外一方都希望我们可以把条件和盘托出，这样他就可以在总体上加以权衡。基于对方这样的心理，我们应该说完一条，再说下一条，假如对方追问你是否还有更多的要求，那我们就要想办法守住。

这时我们需要考虑，是先说出自己最想要的条件，还是先说自己不那么在意的条件；是先说对方最不可能答应的条件，还是先说对方最容易答应的条件。我们所说的条件的次序不一样，那结果也是有很大差别的。作为谈判者，我们需要考虑条件次序的重要性，而不是随随便便就说出，至于如何考虑，就得具体情况具体分析。

4. 不要动不动就摊牌

我们经常听到的一种摊牌就是"答应不答应？不答应就算了"。其实，摊牌的方式，或强硬的或委婉的，或直接的或含蓄的，都是一种带有威胁的策略，这是下下之策。摊牌不一定会让谈判走向成功，但那些失败的谈判却是源于至少有一方摊牌。所以，假如我们不希望这次谈判走向失败，那就要慎用摊牌这个最后不得不使用的招数。

切记，摊牌是谈判中最激烈的手段，摊牌的一方必须手上有牌可摊，就是对方要比自己更希望达成协议，自己占据了绝对的优势。假如你对这样的判断是错误的，那无疑是搬石头砸自己的脚。

5. 倾听比说话重要

不管是在生活中还是在谈判中,倾听比说话更重要。一般而言,我们需要尽快摸清对方的底线,而不是急于表态甚至摊牌,把自己的底线告诉对方。在我们看过的许多实际谈判中,假如一方问得多而巧妙、听得多而认真,另一方说得多,急于表达自己的立场,急于说服对方接受自己的条件,似乎最后前者总能比后者获得更好的结果。

借助"从众效应"

小时候,班里进行班干部的选举,老师说:"下面我们进行举手表决吧,少数服从多数。"于是,同学们就齐刷刷地举起了手。其实,你心里可能并不同意某人,但碍于面子,你也犹犹豫豫地举起了手。这似乎是每一个人都经历过的事情,当大家的意见无法统一的时候,都会采用"少数服从多数"的普遍游戏规则。虽然,我们也经常说"真理往往掌握在少数人的手里",但还是挡不住盲从、随大流的趋势,这就是人类的心理。

人类在很大程度上有一种"从众心理",也就是当看见所有人都在朝一个方向涌进的时候,即使没有任何外力,他自己也会朝那个方向走去。通俗地来说,每个人都有盲从的心理特征,就好像人类本来是不能忍受孤独的,所以一直以群居的方式来生活。正因为这样的道理,他们不能忍受独自坚持着,而需要与大众持同样的态度。以这样的一种心理效应,可以灵活地运用到实际谈判中,那就是利用人们潜意识里的"跟风意识",以此来影响他们的判断，促使他们做出有利于自己的决定。

有一则笑话。一位石油大亨到天堂去参加会议，当他踏进了会议室，却发现里面已经座无虚席，自己根本没有地方坐。于是他灵机一动，喊了一声："地狱里发现石油了！"这一喊不要紧，天堂里的石油大亨们纷纷向地狱跑去，很快，天堂里就只剩下自己了。

这时，这位大亨心想，大家都跑了过去，莫非地狱里真的发现石油了？于是，他也急匆匆地向地狱跑去。

从众心理又被称为"羊群效应"。羊群本身就是一种很散乱的组织，平时在一起也是盲目地冲撞，一旦有一只头羊动起来，其他的羊也会不假思索地一哄而上，全然不顾前面有可能出现的危险。羊群效应就是一种跟风行为，表现了人们共有的一种从众心理，这样一种心理很容易导致盲从行为。虽然，羊群效应本身是一种无法认同的做法，但如果放在人生的博弈之中，却可以很好地利用起来。

有的社会心理学家认为，产生从众心理的最重要的因素就在于有多少人来坚持同一个意见，但并不是坚持这个意见本身。多数人的意见一致，这本身就是一种说服力，所以，即便是有少数人不同意这样的意见，他们也不会在众口一词的情况下坚持自己的意见。而在实际生活中，每个人都有不同程度的从众倾向，总是倾向于大多数人的想法或者意见，以此来证明自己不是孤立的。在实际谈判中，我们可以巧用这个心理策略去引导对方的想法，促使其做出利于我方的决定。可以说，这样的心理策略绝对是应验的，因为大多数人都具备这样的心理特征。

在某售楼中心，销售员小吴正在口若悬河地给顾客介绍："我想你们最近在电视上看过关于这个小区的报道，当我们的广告播出去以后，就吸引了众多的人前来咨询，大部分都是白领阶层，尤其是年轻夫妻。他们在这个城市里工作，有着稳定的收入，平时工作压力比较大，因此，他们在挑选住房的时候，大多会倾向于环境方面比较有突出特色的小区。大家可以看看，在我们小区，差不多全部被绿色覆盖了，大面积的绿化，让你在每天清晨一起床就能呼吸到真正的来自大自然的空气，同时还会放松自己的心情。你看，我手上这张表显示已经预订了一百套了，全部是像你们这样阳光的年轻夫妻，我觉得你们完全可以考虑购买一套。可以说，住在这样一个舒适的小区，完全可以彰显出你们白领一族的气派与格调。"

听到小吴这样的话，那对年轻的夫妻相视一笑，似乎心中那些疑虑已经打消了。

在许多销售案例中，我们都有这样的经验，当销售员不断地说这是销售量最好的，人数购买最多的，最受人们欢迎的，尤其是当销售员列举说："某某某也刚买了，用了觉得效果不错，要不，你也试试吧。"在这样的情况下，可能不会动心的顾客没有几个。其实，在每个顾客内心潜意识里都有一种"跟风意识"，当看到许多人都在做同一件事情的时候，他们会忍不住跟着去做，因为他们不想被人当作另类的人，人们总是在这些看似搞笑的行为中找到一种认同感。当所有人都在做同一件事情的时候，假如自己不去做,那就意味着自己是被孤立的,因此他只能选择去做,这样才能找回自己作为这个社会群体的归属感。

1. 利用周围人的行为来影响对方

在社会中,似乎每一个人都是看着周围人的行为来决定自己应该做些什么,这时候他们放弃了自己的主见。从众心理的作用,就在于会让人不由自主地选择了身边的人作为参照物,不断地寻找出人们一致的社会认同。由于它本身的神奇作用,所以,它常常被人们加以利用,比如用在管理、营销等行业,一些商家会利用从众效应来谋取利益,推销者也会利用从众心理来吸引顾客购买产品。所以,当你明白了从众心理的特性,就应该学会利用周围人的行为来影响别人。

2. 不断地强调这个观点是被许多人公认的

有时候,当我们干巴巴地列出自己的观点与想法,好像对方总是不以为然,觉得这不过是你一个人的想法而已。但是,只要我们在叙述上面加上"许多人都这样看""他们都觉得这件事应该这样做""在我们公司,几乎所有的人都觉得这件事应该是这样的"等诸如类似的说辞时,就已经在慢慢地瓦解对方内心的堡垒,甚至会影响对方的决定,弱化其意志力,把对方争取到自己这边来,这恰恰就是利用了对方心里的"跟风意识"。

利用权威赢得对方信赖

权威效应，又被称为权威暗示效应，是指如果一个人地位高、有威信，就会受人敬重，而他所说的话以及所做的事情就很容易引起别人重视，并让他们相信其正确性，即"人微言轻、人贵言重"。"权威效应"的普遍存在，一方面在于满足了人们的崇拜心理，威信、权势对于每个人来说都是一种强大的吸引力，崇拜心理的作用使得他们对那些权威人士所说的话深信不疑；另一方面由于人们都有"安全心理"，人们总是认为权威人物才是正确的楷模，听信他们的言论会使自己更具安全感，增加不会出错的"保险系数"。

美国心理学家们曾经做过一个实验：在给某大学心理学系的学生们讲课时，向学生介绍一位从外校请来的德语教师，说这位德语教师是从德国来的著名化学家。试验中这位"化学家"煞有其事地拿出了一个装有蒸馏水的瓶子，说这是他新发现的一种化学物质，有些气味，请在座的学生闻到气味时就举手，结果多数学生都举起了手。

本来那只是没有任何气味的蒸馏水，但由于"权威"的心理学家的语言暗示而让许多学生都认为它有气味。通过这个实验，直接体现了人们所具有的"安全心理"。同时，人们还有一种"认可心理"，也可以称为"崇拜心理"，他们总认为自己的言行要与权威人士保持一致性，自己只有相信权威人士的言论，才能得到各方面的认可。所以，这两种心理就诞生了权威效应。

在我们现实生活中，利用"权威效应"的实例很多，比如在做广告时请权威人物赞赏某种产品，在辩论说理时引用权威人士的话作为论据等。相传，南朝的刘勰写出《文心雕龙》后由于无人重视，他想请当时的大文学家沈约审阅，但沈约却不予理睬。后来他装扮成卖书人，将作品送给沈约。没想到沈约阅后评价极高，于是《文心雕龙》成为中国文学评论的经典名著了。因此，在日常谈判中，我们利用"权威效应"，能够达到引导或改变对方态度和行为的目的，通过"权威言论"来影响其心理。

浙江某小企业在当地小有名气，为了扩大市场，该企业决定招募各省会城市的代理商。在谈判桌上，该企业经理十分谦虚地说："我们虽是小企业，却得到了商界人士的青睐，上次我带着产品去香港参加展销会，就连李嘉诚都对咱们的产品赞不绝口。"对方一听李嘉诚的名字，想都没有想就签下了代理商的合约。

一般情况下，在某些方面有很深造诣并取得瞩目成就的权威人士往往更容易使人信服，因为人们更愿意认同权威人士的言论。在绝大多数情况下，当某位权威人士发表观点时，大家很少去怀疑甚至反对。当然，人们所相信的并不是某个人本身，而只是他的头衔，他们相信以他的地位、权势所说的话一定是真实的，值得相信的。

在实际谈判中，我们可以用以下这几种话术，帮助自己赢得最终的谈判。

1. 借用名专家的话

很多健康专家认为，膳食应荤素搭配、粗细搭配。于是，当你在向朋友或家人证实这言论的真实性的时候，不妨这样说"健康专家都这么说，难道还有假"。比如：在每一只牙刷上面都会标明"牙医建议，三个月更换一次牙刷"。

2. 借用位高权重人士的话

在平日闲聊中，你可以搬出权威人士的话"某某领导曾经说了……"

3. 借用各行业权威人士的话

在每个行业都有相应的权威人士，比如文学领域里的茅盾、鲁迅，艺术领域里的凡·高、贝多芬等。当我们在强调语言是多么重要的时候，不妨搬出语言大师林语堂的言论"语言不是一般的工具，使用起来不同于其他工具"。

4. 借用上司的言论婉拒对方

很多时候我们不知道该如何拒绝，可以借助上司的言论进行拒绝，比如"前几天经理刚宣布过，不准任何顾客进仓库，我怎么能带你去呢"，或者说"这件事我做不了主，我会把你的要求向领导反映一下，好吗"。

高姿态才能掌握主动

在谈判中,虽然我们一再强调姿态别摆得很高,这样很容易吓倒对方。但是,我们所不能忽视的还有一个谈判心理策略,那就是故意摆出高姿态。在人们潜意识中都有一种心理,唯恐自己得不到,因为害怕得不到,他们会在模糊的意识中做出仓促的决定,这样则很容易达到我们的目的。

当然,我们在使用这个心理策略的时候,需要观察对方是否有强烈的欲望想达成协议,假如这份协议对对方而言只是可有可无,那我们使用这个策略,无疑是自己打自己的耳光,因为极有可能毁掉整个谈判。

在生活中,我们都有这样的经历,当我们听说某种产品卖得很红火,每天限量,那就有许多人不惜花很长的时间去排队,即便这个产品本身不怎么样,但看到许多人都在排队,他内心就有一种怕得不到的心理,从而促使他也去参加这个队伍。其实,这就是商家故意摆出的高姿态,高姿态为其产品增加了无形的价值。

谈判第一天,甲方代表轻松上阵,他似乎带着一种绝对的自信。当双方落座,甲方代表就发话了:"对于我们产品的质量以及研发情况,我想是不用多费口舌介绍,我只想告诉你一件事情,那就是近几天我们才接到了来自韩国方面的邀请,对方公司希望能带领着我们的产品正式进军韩国市场。我想贵公司选择我们公司的产品,是不用有任何顾虑的。"

乙方代表说话气势有些弱:"在产品方面我们确实没什么可挑剔的,只是在价格方面,希望你们能再降一些,这样我们才有足够的能力接受。"甲方代表寸步不让:"在价格方面,我们会保持现在的态度,绝无更改。"由于双方在价格上协商不一致,谈判结束。

谈判第二天,甲方迟到两分钟。虽然甲方代表为自己的迟到而道歉,但仍掩饰不住其脸上的轻松情绪。这次,乙方代表先开口说话:"昨晚,我们回去讨论了一下,假如贵方能在现有的价格基础上降百分之零点五,我们就打算拿下你们产品在我们省的所有代理权,您觉得怎么样?"甲方代表依然是那句话:"您也知道,这个产品现在很受欢迎。其实,你们省那边已经有人跟我们接触过了,他们所开出的价格不比你们低,我们也是看在你们真诚合作的态度上,才打算正式协商。只是价格方面,确实不好意思,一分也不能少。"

其实,在这之前,甲方已经了解到,乙方所在的公司原与台商签订的合同不能实现,因为美国对日本、韩国和中国台湾提高了关税的政策使得台商迟迟不肯发货。而乙方自己公司又与客户签订了供货合同，对方要货很急。因此，在这次谈判中，乙方定是志在必得，他们现在不断地谈价格，只是希望在现有基础上减少成本，不过，他们始终是处于被动的地位。

在最后一次的谈判中，甲方始终不肯降价，甚至摆出一副高姿态，"已经有多家公司联系我们了，希望你们能尽快定下来，否则我们已经没信心谈下去了"。结果，乙方唯恐自己得不到，丝毫没犹豫就以当初的价格签订了购买协议。

谈判中的"高姿态"策略，也就是在谈判中开始以强硬的姿态出现，即便是协议中很小的要求，作为己方也不能轻易让步。

1. 姿态要高，态度要强硬

由于是故意摆出的高姿态，因此千万不要在对方面前露出马脚，一旦心软，就有可能让对方发现有机可乘，以至于我们所计划的谈判策略落空。所以，在正式谈判中使用这个策略的时候，我们的姿态一定要高，不理会对方所说的任何困难，不管对方如何讨价还价，我们都应该坚持自己的意见，保持强硬的态度，这样我们才能引对方上钩。

2. 保证对方一定会有所动

就好像在上面这个案例中一样，为什么甲方就笃定乙方一定会达成协议，那是因为他们已经了解到乙方处于被动地位，他的目的就是一定要签订协议。在签订协议之前的讨价还价，只是一种试探，他在试探对方是否可以在价格上降低一些，即便是几个分点也会减少自己公司的开支,因此,他只是在做最后的努力。当乙方看到甲方如此强硬的态度,知道自己再不签订协议,有可能这个协议就无法签订了,因此决定签订协议,不管价格多高。

先抑后扬才能把控全局

在生活中,每个人都有逆反心理,它指的是人们彼此之间为了维护自尊而对对方的要求采取相反的态度和言行的一种心理状态。比如,当一个人进入青春期,可以说他开始进入一个叛逆期,经常"不受教""不听话",经常与老师对着干。这样与常理背道而驰,以反常的心理状态来显示自己的"高明"的行为,其实就是逆反心理。显而易见,逆反心理是一种不恰当的心理,它会令我们作出一些错误的决定。但尽管如此,假如是在实际谈判中,我们却正好加以利用,巧用人们的逆反心理,采用谈判中的欲擒故纵策略,轻松诱使对方作出有利于我们的决定。

谈判心理策略释义:

欲擒故纵,也就是为了要擒住对方,先故意放开它,使其不加戒备,然后再一举歼灭。当然,这个策略与三十六计中的欲擒故纵有异曲同工之妙。当我们想要逼迫对方无路可走,对方就会想要反击,而让对方逃跑则可以减弱其气势。当我们在追击的时候，跟踪对手不要过于逼迫它，以消耗它的体力，瓦解它的斗志，待对方士气沮丧、溃不成军，再去捕捉它，就可以避免流血。我们需要等待，等待对方心理上完全失败而信服自己，那就能赢得整个谈判的结局。

在实际谈判中，我们要利用人的逆反心理，巧施欲擒故纵之计。通常情况下，我们会制造表面假象，向对方传递错误信息，从而麻痹对方，等到时机成熟之后实施反攻，给对方来一个措手不及。其实，"擒"与"纵"本来就是互相矛盾的，而在这个计策中，巧用这对矛盾，以最终的"擒"为目的，"纵"为手段，这样让对手放松戒备，掉以轻心，为己方获胜制造优势。

小张打算买一套二手房给父母住，因为父母年老多病，所以小张希望能尽快购买到一套合适的房子。当小张去看第一套房子的时候，觉得各方面条件都很不错，就是价格有点贵，似乎在这样一个地段买一般装修的二手房价格太高了。不过，小张当即对户主表达了自己急切的购买心情，谁料，这样一来，在价格方面，户主更是一点也不会少了，而且还劝小张说："以这样的价格购买如此舒适的房子，已经很划算的，再说你父母现在正等着房子住，买了吧。"小张差不多就快要答应了，但脑海里却冒出"或许还能找到更不错的房子"的想法，于是，他暂时回绝了。

之后，小张又看了几套房子。到第三套房子的时候，小张非常满意，这个地段距离医院很近，小区里绿化、健身设施都弄得不错，特别适合老人住。吸取了上次与户主谈判的教训，小张没有表现出自己强烈的购买欲望，而是不咸不淡地对户主说："我觉得房子还行,不过,装修好像好多年了,都有些陈旧了。"户主急忙解释说:"装了大概有四五年了。"小张笑着说:"以这样的装修,我想在价格上应该有商量吧。"户主摇摇头:"我给出的价格应该是最低了,你想在这样的地段,距离学校、医院都近,交通也方便,这样的价格实在不能再低了。"小张依然保持淡定的笑容回答说:"我再考虑考虑。"

过了几天,当中介催促付定金的时候,小张说:"我前天去看中了另外一套更实惠的房子,请您容许我再考虑考虑。"中介当即把这个情况反映给户主,又从中做了一些说服工作,那户主在中介的劝说下,将房价降了几万元。听到这样的消息,小张故意装作毫不在意地说:"那就把这套房子定下来吧。"

在上面这个案例中,小张经历了两次谈判,前一次失败,后面一次成功,为什么?秘诀就是欲擒故纵。当我们想购买一套二手房,在谈判的过程中,一旦自己向卖方表达了强烈的购买意向,这就会大大降低议价的可能性。所以,即便我们对这套房子再满意,也不要将内心的急切心情表达出来。这时候我们可以采用欲擒故纵的策略,看到自己满意的房子,当对方催促付定金的时候,我们可以告诉对方自己看到了另外一套更便宜的房子,自己需要考虑考虑。其实,在谈判中这样的潜台词就是告诉对方假如可以在价格方面作出让步,那就有可能促成这笔交易。

1. 故意表现得毫不在意

欲擒故纵,我们的第一步就是"纵",假装表现得毫不在乎,似乎这个协议能不能成都无所谓,你所表现出来的态度越是不在意，对方就越有可能想要与你达成这笔交易。

比如，在谈判中你可以试试这样讲话，"张经理，这样吧，你可以拿回去跟贵公司领导商量一下，考虑一下这个价格是否可以，没有利润的项目，我想我们不会做""李总，我觉得我们合作项目没有问题，这个钱到底出多少，我也不介意，但我现在手头有两三个项目等着我考虑，这个项目对我来说，可有可无""王经理，我方刚刚已经把价格提高了10%，而贵方寸步不让，我想我没办法回去交差，价格还是原来价格，不能提高了""这位美女，这条裙子你要不要？不要的话，我可要留给别人了，今天早上一位美女看中了，说等一下过来取。你要的话，这条给你，我回仓库再去拿一条给那位美女"。假如我们说出这样的话，那谈判的压力就会转移到对方身上，他们心理压力也会变得很大，因为不知道对方所说的是真是假。

2. 我方必须拥有一定的主动权

在日常谈判中，欲擒故纵的本质是蓄势待发，制造守势来软化和麻痹对方，是为了最大化进攻效果的策略。因此，在使用欲擒故纵这个心理策略的时候，我们需要拥有一定的主动权，这样才能方便我方采取"纵"的手段。在实际谈判中，假如我方形势不利，比如需求紧张，急切达成协议，这时对方让步的可能性就很小，不容易通过让步来"纵"，也不容易通过冷淡处理对方来"纵"，因为这样很有可能伤害到自身实质利益或者导致谈判没有结果。

3. 观察对方是属于何种类型的人

其实，使用欲擒故纵的心理策略，还需要有恰当的对象，最好是那种刚愎自用、自以为是、虚荣心强、傲慢自大的人，假如对方是性格相反的人，那使用这个策略就有点弄巧成拙了。在实际谈判中，我们使用欲擒故纵策略，可以先通过积极型的方法，向对手展示通过交易可以得到的利益，而且适当让对手误以为自己拥有了谈判的主动权；当对方放松了戒备，那就说明对方已经上钩了，这时我方可以向对方表现出无所谓的态度；而对方因自负的性格会让他受不了我方突然之间变冷淡的态度，从而主动达成协议。

第七章

把话说到对方心坎上

别让你的表情出卖你的心理

谈判者在谈判的过程中,千万不要表现的慌乱、坐立不安,只有稳住阵脚,从容应对,才不至于词不达意,漏洞百出。如果仅仅只为了发泄心中的不满,却给对手提供了可乘之机,同样的,也使自己变得被动。所以,即使谈判形势不容乐观,也要控制自己的情绪不要表露出来,在心理上占据上风,然后寻找对方漏洞,进行反击。谈判中总是会出现一些针锋相对的情况,这是正常的,但切记将谈判与吵架区分开来,胜利不是以你将对方骂倒作为依据的。假如因为对手的言语过激而激怒了你,让你丧失理智,那你的处境将会变为被动,这将不利于你在谈判过程中占据主动地位。

通常,有谈判经验的人都会掌控自己的情绪,他们心态沉稳,信心十足,而这也是他们在谈判中稳操胜券的重要原因。当谈判陷入僵局,你要积极主动的控制自己的情绪,采取行之有效的办法,及时熄灭心中的怒火。如果控制的不好,就会导致你说错话，做错事，会影响到整个谈判的顺利进行，到时可谓是得不偿失。

事实上，在对情绪控制的策略上，如果在谈判过程中遇到一些不能避免的境况或其他必要的情况下，可以用临场发挥的情绪宣泄方式，震慑对方，达到谈判成功的目的。

1. 用适当沉默控制自己的情绪

在谈判过程中要善于利用沉默的力量，或者埋头整理文件，喝水或是看表，留出一段空白时间来进行思考。

2. 面对对手的言语刺激，镇定自若

有时对手故意说一些攻击性的话语，其目的是为了激怒我方，让我方阵脚大乱。越是在这个时候，我方越是要镇定自若，时刻占据谈判中的主导权。

彼此沟通,有时言多必失

在谈判桌上,谁先主动发言,谁透漏的信息越多,谁就越有可能陷入被动局面。俗话说:"言多必失。"在谈判过程中,为了有效避开对手攻击,谈判双方总是想方设法掩盖自己的真实意图,而"闭口不言"则是最行之有效的方法之一。因为,对方若是得不到任何信息,自然也就揣摩不到你在想什么了,胜算自然掌握在自己这一方。相反,谁表达的内容较多,谁泄露的信息也就较多,所以,他就自然处于被动的地位了。因此,为了让自己在谈判中处于上风,就应该让对方多说话。更为重要的是,对方一旦变得滔滔不绝,你才能获知一些信息,在接下来的交锋中,你也就能一步步地抢占先机了。

张峰是一个推销员,经常满世界的跑。他有次出差到一个城市去洽谈生意。张峰按时赴约后,双方代表面对面落座。张锋发现对方是一个比较严肃的人,并且,面对张锋的到来,他还在埋头看报纸。张锋很是不解,就主动向对方说话:"最近天气比较热啊?"可令他没想到的是,那位谈判对手还是盯着报纸,毫无表情地回答:"本地都是这样的天气。"张锋并没因对方的表现而退却,他继续问:"听口音您也是外地人吧?""噢,山东枣庄人。"对手将视线移开报纸,警觉地看了张锋一眼。"啊,枣庄这个地方不错!读小学的时候,我就通过《铁道游击队》的连环画知道枣庄了。两年前我还去了一趟,玩了两天呢,枣庄真是个好地方。"张峰说完,那位代表一下来了精神,马上放下手中的报纸,站起来又是递烟,又是递名片。两人越聊越投机,并一起吃了晚餐。就在当晚,双方谈成了这笔生意,皆大欢喜。

如果对手一直沉默,张锋就无法去了解对方,更不用说谈成生意了。在谈判时,谁先张口,谁的话比较多,谁泄露的相关信息就多。而作为谈判的另一方,我们就应该从对方的话题中洞悉心理,只有这样,我们才能在接下来的谈判中,有的放矢,达到双赢的目的。

前几年,美国一家规模较大的汽车公司,准备采购汽车所需的坐垫布。有三家厂商在得到消息后,立即把备选样品送去了这家公司,在经过公司相关人员验看后,便让每家公司派位代表来公司洽谈,以便最后确定一家供货商。

鲍勃是三家备选的厂商代表之一,但不幸的是,他在临行前却得了严重的喉炎。当鲍勃先生和厂商去开始正式洽谈时,他竟然发不出声音来了。他们被带进洽谈室,跟里面的公司主管及相关人员都见了面。当鲍勃站起来想要发言时,声音却沙哑的连自己都听不到。大家围桌而坐,鲍勃的嘴巴发不出声,只好把想表达的话写在纸上:"诸位先生,我嗓子哑了,不能说话,你们先说吧。"于是,其他厂商代表纷纷开始发言,每到一个厂商的发言,总经理都会发表一番评论。而鲍勃则坐在旁边把那些内容记录整理,再和自己产品的信息接合起来。

大家都讲完后,鲍勃开始嘶哑着声音说:"大家都说得差不多了,我来说说我们公司的产品吧……"由于之前鲍勃收集了经理的一些信息,他已经基本知道了经理对产品某些方面的要求,因此,他有针对性地谈了公司产品的特点,短短几句话,赢得了经理的认可。最后,这家汽车公司向鲍勃订购了价值不菲的产品。

也许,这是鲍勃至今所经手过的最大的一份订货单,但是,鲍勃清楚地知道,如果不是自己说不出话,他就不可能得到那份订货合同,因为他在之前对整个事态都有错误的判断。在这以前,他总是觉得自己越早说话,就越能抢占先机。但通过这次经历,鲍勃发现原来把先说话的权利让给别人,不失为一种更好的策略。

1. 善于提出好问题

潜能大师安东尼·罗宾说过:"对成功者与不成功者最主要的判断依据是什么呢?一言以蔽之,那就是成功者善于提出好的问题,从而得到好的答案。"在谈判过程中,善于提出好问题是很有必要的,一个好的提问会让沟通更加愉快,获得的信息也就更有价值。

2. 让对手告诉你一些事情

想要搞清楚对手到底在想什么，那就尽可能地让对方多说话，当你的意见需要别人赞同的时候，就不要把话说得太多，特别是一些推销员，他们很容易犯这个错误。其实，要想取得良好的谈话效果，你应该让对手多说话，表达出自己的意见，或者说，应该你问他问题，让对手来告诉你，他们到底在想什么。

怎样营造轻松的谈判氛围

在正式谈判开始之前,双方所进行的就是寒暄、入座,有的人认为这是最简单的程序,不过就是打个招呼,彼此入座而已。其实这样简单考虑的人往往会吃亏在这点上。谈判尚未开始,那将意味着整个谈判的基调,气氛是缓和,还是紧张,都全靠那几句寒暄话。高明的谈判者往往用简单的几句话就能制造出良好的谈判氛围,而那些缺乏好口才的谈判者则通常是一两句话就让整个场面变得尴尬。因此在谈判正式开始之时,作为谈判者要善于寒暄,积极营造和谐愉快的氛围。我们所说的寒暄,也就是打招呼,这是人与人之间建立语言交流的方法之一。通过彼此的寒暄,会让陌生的人相互认识,让不熟悉的人变得熟悉,让冷冷的气氛变得活跃起来,为双方进行深入的交谈架设桥梁,达到顺利沟通的目的。

谈判气氛在一定程度上影响谈判对手之间的相互态度,它可以影响谈判人员的心理、情绪和感觉,从而引起相应的反应。可以说，谈判气氛对整个谈判过程具有十分重要的影响，其发展变化将直接影响整个谈判的结果。比如，相对热烈的、积极的、合作的气氛会把谈判朝着达成一致协议的方向推进。在谈判一开始，假如我们能说几句妙语，那就会让双方有一种"有缘相知"的感觉，彼此都愿意有好的合作，都愿意在合作中共同受益。谈判中的哪一方控制住了谈判开局的气氛，那么，某种程度上就等于控制住了谈判对手。

中国一家彩电生产企业准备从日本引进一条生产线，于是与日本一家公司进行了接触。双方分别派出了谈判小组就此问题进行了谈判。

谈判当天，当双方谈判代表刚刚就座，中方的谈判首席代表王副总经理就站了起来，他对大家说："在谈判开始之前，我有一个好消息与大家分享，我的太太在昨天夜里为我生了一个大胖儿子！"这话一出，中方职员纷纷站起来向他道喜。

在这样热烈气氛的带动下，日方代表也纷纷站起来道贺。整个谈判的气氛顿时高涨和谐起来，谈判进行得很顺利。中方企业以合理的价格顺利地引进了一条生产线。

在谈判过程中，这个王副总经理为什么要提自己太太生孩子的事情呢？原来，这位王副总经理在与日本企业的以往接触中发现，日本人总是板着面孔谈判，造成一种冰冷的谈判气氛，这很容易给作为谈判对手的自己造成一种心理压力，从而使对方控制整个谈判，趁机抬高价格或提出更多的条件。于是，王副总经理便想用自己的喜事来打破对手的冰冷面孔，营造出一种利于自己的热烈气氛。

东南亚某个国家的华人企业想要为日本一著名电子公司在当地做代理商,双方几次磋商均未达成协议。在最后的一次谈判中,华人企业的谈判代表发现日方代表喝茶取茶杯的姿势十分特别。于是,他说:"从您喝茶的姿势来看,您十分精通茶道,能否为我们介绍一下?"没想到,这句话正好点中日方代表的兴趣所在,于是他滔滔不绝地讲起来。结果,后面的谈判进行得异常顺利,那个华人企业终于拿到了他所希望的地区代理权。

原来,营造良好的谈判氛围,在轻松愉悦的气氛中可以缓解谈判中谈判双方的紧张情绪,增进人们的感情。在良好的氛围下,人们更容易被尊重,也更容易获得支持与关注,而且,良好的氛围更有助于双方达成共识。

1. **语言尽量委婉含蓄**

不管你想要达成什么样的谈判目标,在与对方交谈时要尽量使用含蓄委婉的语言,以和为贵,力图为后面谈判的顺利进行营造良好的氛围和条件。有的人一见面就直言直语,心中的喜怒情绪暴露无遗,若是在这时说了一些破坏气氛的话,那肯定会给整个谈判带来极为不利的影响。

2. **态度要诚恳**

作为谈判的一方,在正式谈判之初,你需要通过语言表达出内心的诚恳,表示自己很愿意与对方达成协议,希望本次谈判能取得好的成果。通常只要对方感受到了你态度的诚恳,一般都会以同样的态度对待,这样和谐融洽的氛围就有了。

抓住对方的兴趣点出击

著名口才大师卡耐基说:"即使你喜欢吃香蕉、三明治,但是你不能用这些东西去钓鱼,因为鱼并不喜欢它们。你想钓到鱼,必须下鱼饵才行。"简单地说,在实际谈判中,当我们在与对方进行语言交流的时候,需要"忘记"自己的兴趣与爱好,用对方的兴趣爱好来展开话题,这样会使彼此之间的沟通更加顺畅。在谈判过程中,谈论对方的兴趣与爱好,这样能让对方感觉到受重视、受尊重,继而赢得对方的好感与信任。许多人习惯于谈论自己的兴趣爱好,从来不考虑对方,这样的人永远不会得到对方的认同。所以,赢得对方好感与信任的诀窍在于,用他人的兴趣与爱好来展开话题,谈论他最喜欢的事情,这样才足以赢得对方的信任。

阿美是一家房地产公司总裁的公关助理,奉命聘请一位特别著名的园林设计师为本公司的一个大型园林项目担任设计顾问。但这位设计师已退休在家多年,且此人性情清高孤傲,一般人很难请得动他。

为了博得老设计师的欢心，阿美在正式拜访之前做了一番调查，她了解到老设计师平时喜欢作画，便花了几天时间读了几本中国美术方面的书籍。这天，她来到老设计师家中，刚开始，老设计师对她态度很冷淡，阿美就装作不经意地发现老设计师的画案上放着一幅刚画完的国画，便边欣赏边赞叹道："老先生的这幅丹青，景象新奇，意境宏深，真是好画啊！"一番话立即使老先生感到一种愉悦感和自豪感。

接着，阿美又说："老先生，您是学清代山水名家石涛的风格吧？"这样，就进一步激发了老设计师的谈话兴趣。果然，他的态度转变了，话也多了起来。接着，阿美对所谈话题着意挖掘，环环相扣，使两人的感情越来越近。最后，阿美说服了老设计师，出任其公司的设计顾问。

人类本质里最深层的驱动力就是希望具有重要性，而且，一个人的兴趣与爱好是其人生中最看重的一部分，他希望自己的兴趣与爱好能够得到别人的认同与肯定。一旦你在谈话中巧妙地说到了他的兴趣所在，他就会转变之前的冷淡态度，开始滔滔不绝起来，在自己感兴趣的事情面前，任何人都会激起一种谈话的欲望。所以，如果你想让对方对你的谈话感兴趣，那就只能以对方的兴趣来展开话题，这样才能有效地博得对方的好感，令之后的沟通畅通无阻。

一位漂亮的女郎在首饰店的柜台前看了很久。售货员问了一句："这位女士，您需要买什么？""随便看看。"女郎的回答明显缺乏足够的热情。不过，售货员发现这位女士总是有意无意地触摸自己的上衣，好像对自己的上衣很是满意，售货员忍不住说："您这件上衣好漂亮呀！你的眼光真不错。""啊？"女郎的视线从陈列品上移开了，移到了自己感兴趣的上衣上面，"这种上衣的款式很少见，是在隔壁的百货大楼买的吗？"售货员满脸热情，笑呵呵地继续问道。

"当然不是，这是从国外买来的。"女郎终于开口说话了，并对自己的回答颇为得意。"原来是这样，我说在国内从来没有看到这样的上衣呢。说真的，您穿这件上衣，确实很吸引人。""您过奖了。"女郎有些不好意思了。"只是……对了，可能您已经想到了这一点，要是再配一条合适的项链，效果可能就更好了。"聪明的售货员顺势转向了主题。"是呀，我也这么想，只是项链这种昂贵商品，怕自己选得不合适……"

在日常谈判中，双方的沟通最忌讳彼此沉默不语，或者对方总是一副爱理不理的样子。那么，如何打开对方的话匣子呢？最好的方法就是先从对方的兴趣谈起，这样会使整个谈话过程变得愉悦而畅快。当然，在这其中，我们可以通过提问的方式来深入了解对方的心理需求、心理动机以及所感兴趣、关心的事情，顺势展开话题，对方就会侃侃而谈。

1. 找到对方的兴趣点

每个人都有自己的兴趣爱好，因此，在谈判过程中，我们要想办法找到对方的兴趣点。可以在与对方交谈之前做好准备工作，了解对方有什么兴趣爱好，也可以通过自己的观察或提问来获得对方感兴趣的事情。

2. 话题先从对方的兴趣说起

在谈判过程中,为了获得更多有关对方的信息,也为了满足其自尊心,我们需要让对方尽可能地多说话。所以,话题要先从对方的兴趣说起,这样顺势展开的话题会利于整个沟通的顺利进行。

先动脑子再开口

人类与生俱来的弱点就是容易犯错误，无论科技如何发展，但一些事故却总是频繁发生。我们解决问题的方法变得越来越高明，相应地，我们所面临的麻烦也越来越严重。为了避免麻烦的产生，无论是说话还是做事，我们都应在事前尽可能想得全面一些，把事情想得周全，三思而行，方能稳赢不败。

工程师爱德华·墨菲提出了"墨菲定律"。墨菲曾参加美国空军，在空军训练营里，他做了MX981实验，目的是为了测定人类对加速度的承受极限。其中有一个项目是将16个火箭加速度计悬空装置在受试者上方，令人感到奇怪的是，有人竟将16个加速度计全部装在错误的位置。对此，墨菲提出了这样一个著名的论断："如果有两种或以上的选择，其中一种将导致灾难，则必定有人会做出这种选择。"通俗地说，事情如果有变坏的可能，不管这种可能性有多小，它总会发生。

或许，很多人不知道，任何事情都没有表面上看起来那么简单。在事情发展的过程中,如果你担心某种情况的发生,那么,它就更有可能发生。说话跟做事是一样的道理,尤其是在实际谈判中,我们需要考虑清楚,做到"慎言",将话说得滴水不漏,方能稳得头筹。

暑假期间,火车上十分拥挤。一位年轻姑娘中途上车,见对面三人座席上坐着两个年轻人,而边座正好空着,就走了过去问:"同志,这儿没人吧?"对方回答:"没有。"年轻姑娘于是放下东西,准备就座。不料,一个男青年竟突然把腿放到了座席上。姑娘一愣,问:"你这是为什么?""因为你不会说话。"那个男青年故意刁难。"那么,请问该怎么说?"姑娘好意请教。对方眯起眼睛装腔作势地说:"看来你是井里的青蛙,没见过多大的天地。让大哥告诉你。你得这样说:'大哥,这有人吗?小妹我坐这可以吗?'哈哈哈……"

说完,他肆无忌惮地狂笑起来。姑娘脸上一阵发热,心里很生气,但转念一想:"不对,有道是兵来将挡,水来土掩。你耍滑嘴,我难道没口才不成?"于是,姑娘说:"听你这么说,我确实没有见过你们这种独特的'礼貌'方式。不过,你们既然见过世面,又有自己独特的'礼貌'方式,见了我,就应按你们的'礼貌'方式办事才对。""你说怎么办?"男青年不解地问,"那还不容易?看见我来了,就该起身肃立,躬身致礼,说:'大姐,这儿没人,小弟请你赏脸,坐这可以吗?'咳,可惜呀,你连自己的'礼貌'信条都做不到,还想教训别人,真是土里的蚯蚓,一点蓝天都没见过!"

男青年自作聪明地擅自卖弄口舌,没想到一番唇枪舌剑之后,他话语中的把柄却被姑娘抓个正着。最后,姑娘短短几句话,就反击了男青年的"谬论",语气中透露了讥讽之意。出现这样的结果,就在于男青年没有使用缜密的语言,想到什么就说什么,最终败在自己的言语陷阱里。

谈判过程中,有的事情是在我们意料之外的,事情的变化将意味着我们思绪的变化,语言的变化,遇到难题,应该懂得灵活说话,说话前多想想,一旦情况有变,你也能说出周密之言来。当然,要想说"慎言",还必须得有一个缜密的思维。如果一个人想事情总是一根筋,那么,他就很难说出周密而全面的话。另外,说话不要只顾自己的感受,任意而为,应该想想自己的语言会不会给他人带来一些麻烦。要想不给别人添麻烦,就需要考虑周全才开口,多方面考虑,多替别人想一想,这样我们做事的成功率就会大一些。

那么,在谈判过程中,我们如何才能将话说得更缜密呢?

1. 三思而后说

俗话说:"三思而后行。"说话也一样,语言经过了大脑的思考才更有说服力,而且,也能经得起对方的"检验"。所以,在谈判场合,无论面对怎么样的谈判对象,我们都需要"三思而后说",嘴边留个把门的,这样的言语才会显得缜密、谨慎。

2. 懂得随机应变

面对对方咄咄逼人的问题,有可能你会乱了阵脚,于是,那些不该说的就脱口而出。在这样的情况下,对方有可能会从你的话语中抓住把柄,并且伺机通过言语攻击你。因此,在面对别人的提问时,我们要懂得随机应变,把回答的话说得滴水不漏,让对方找不到把柄。

要句句说到对方心坎上

谈判的目的是就某些问题达成一致意见，因此谈判的语言必须清晰表达自己的观点和想法，又要能说服对方，或者找出对方说法中的突破口，使之接受自己的意见和观点，最终达成一致。谈判就是在心理上相互试探和压倒，彼此退让，最终达成一致意见的方法。其动力和主要需要调适的是利益和需求，只要在这方面达成共识，谈判基本上就成功了。作为谈判者来说，语言表述上的准确性和灵活机动性是非常重要的。好的谈判语言，既能让自己掌控主动地位，又能让谈判氛围更轻松活跃，还能展示出自己作为谈判者的理性风采。

那么，在实际谈判中，我们该如何选择恰当的语言呢？

1. 有针对性

事先研究谈判对手的谈判风格和性格特征，根据不同对手、不同场合、不同谈判阶段，使用有针对性的语言，才能保证谈判成功。比如针对率直的谈判对手，最好用简短明快的语言，而避免迂回婉转；针对思路缜密、谨慎的谈判对手，多用数据和事例来进行具体详细的说明，才更有说服力；针对喜欢用计谋的谈判对手，则要言语谨慎，不给对方可乘之机，以"拙"对"巧"，后发制人；针对喜欢用气势压人的谈判对手，则要稳住阵脚，有条不紊地对对方提出的疑问或条件逐条辩驳，才能够占据上风。总之，在谈判中，要充分考虑谈判对手的性格、情绪、习惯、文化以及需求状况的差异，恰当地使用针对性的语言。

2. 准确性

把自己的立场、观点、要求准确无误地传达给对方，才能帮对方明了自己的态度。当表述自己的愿望和要求时，语言一定要准确、清晰、有的放矢，尽量不要使用模糊或啰唆的语言。如果发现自己向对方传递了错误的信息或者对方理解错误，要及时纠正，或者添加额外的条件使谈判更有利于己方，不能将错就错，否则会给自己带来巨大的损失。

3. 不同谈判阶段表达方式有差异

比如，在谈判的导入阶段，目的在于创造和谐的气氛，语言要尽量热情、友好、和气，可以用幽默轻松的表达方式。在概说阶段，即把各自的目的和想法概要介绍给对方，语言要简洁、明了、准确、原则性强，表述时更要清晰流畅，充满自信。在讨论阶段，即就不同想法进行协商的阶段，语言可以尽量委婉温和，兼顾双方利益。在交锋阶段，也就是就暂时不能达成一致意见的问题，进行各种方式说服的阶段，语言一定要严谨与巧智并存，运用严谨的逻辑判断或者巧问、智答的方式沉着应对，绕过对方言语中的陷阱，才能达成较圆满的协议。尽量避免频繁的摩擦和冲突，切忌挖苦、讽刺性的语言。妥协阶段，经过一番唇枪舌剑，谈判性的语言要转向温和，尽量做到让步与要求同时进行，比如"贵厂能开增值税发票的话，我方可按每米18元进货多少米"等。达成一致意见后，无论多不甘心，也要友好结束，语言要和谐融洽，一般有以下几种表述方式，如"谢谢你们的支持""请多多关照""合作愉快""希望今后进一步加强合作，同舟共济"等。

4. 加强细节处理

谈判过程中的一些语言细节，如停顿、语音强调、语调高低、重复、语速调整等往往容易被忽视，这些小的细节往往会在不同程度影响说话效果。

一般来讲，如果说话者要强调某一重点，停顿一下是非常有效的。谈判时，遇到重点问题应隔30秒停顿一次，一来可以加深对方印象，二来可以等待对方的反馈。将语速放慢也可以使对方加深印象，还有利于整理自己头脑中未成型的思想。提高说话的声音可以表现自己的决心和信心，压低音调可以使自己显得更胸有成竹，从容稳定。这些非词句的语言表达形式可以增强自己的说服力，有助于谈判。

话不在多有理至上

那些会说话的谈判者之所以会获得成功，并不在于他说了多少话，而在于他说的话在理。在日常生活中，我们常说"话不在多而在理"，意思是，一个人说话不应该求多，而是求理，只要你说的话有道理，哪怕你只说了一句话，那也能达到很好的沟通效果；相反，如果你说的话根本没有道理，哪怕你说了上百句，也有可能达不到真正的沟通。

在许多谈判场合，我们经常看见有的人喋喋不休，滔滔不绝，可说来说去，没有哪句话能占理，结果可想而知，对方完全不想与你沟通，因为跟一个不讲理的人沟通简直就是吃力不讨好，既没能达成一致的意见，反而伤了和气。

而且，有的人根本就是无理取闹，由于说不过对方而恼羞成怒，结果，不管是不是在理都乱说一气，他这时的目的不在于沟通，而在于发泄怒气，当然，最终的结果是自己亲手建筑了彼此之间的"隔阂"。

有一次，王娟和几位朋友带着孩子在一起吃饭，席间谈到了早恋的话题。一个朋友的儿子已经是初二的学生了，王娟便开玩笑地问那个孩子："你有没有女朋友？"没想到，那小伙子却很直白地回答："没有女朋友多让人瞧不起啊！"听到这话，王娟想到了自己正在上初一的儿子。

在回家路上，王娟下定决心与儿子好好沟通关于早恋的事情，她苦思冥想该怎么问这个问题，太直白了怕孩子受不了，太委婉了又不知道从哪里入手，结果，想了半天也没有想到什么好主意。

回到家后，王娟假装无意地和孩子聊起了学校的事情，她问道："你们班的学习风气怎么样？"

孩子回答说："就那样呗！"

王娟干脆进入了正题，问道："噢，是这样！那……那你们同学有没有因为搞对象而影响学习的？"

孩子说："啊？有吧！具体我也不太清楚，人家搞又不告诉咱！"

王娟故意开着玩笑，问道："噢，那……那……你有没有搞啊？"

孩子轻松地回答说："没有，不用担心。"

王娟不太相信，试探地问："那有没有女同学给你写纸条啊？"

孩子有点不耐烦了，说道："没有啊！怎么会有呢！你烦不烦啊，老问这个！"

王娟也不知道该说什么好了,干脆和孩子讲起了大道理,什么早恋会很耽误学习的,而且,初恋成功的比率是很低的,你现在不成熟,所以现在看上的以后会不满意的。孩子看起来很听话地点点头。

就这样,一场谈话就这样艰难地结束了。

在整个谈话过程中,妈妈的话比较多,而孩子总是三言两语就回答了。本来,当家长的是想告诉孩子一些道理,可是,由于话太多,虽然句句在理,但孩子也没能听进去,这样的沟通只能说是失败的。

在生活中,经常会出现这样的情况:父母说很多的话,但孩子却表示"我不懂你在说什么"。原来,在孩子看来,父母说的那些所谓的大道理其实都相当于废话,孩子根本就没能听进去。不妨试试简单地讲道理,话不在多,而在理,只要你说的话真的有道理,需要减少说话的内容,这样,对方更容易听进去。

1. 话说得越多,效果却越小

很多人在表达自己意见的时候,很想把心中所有想说的话都说完,但是,他们常常忽略了这样一个问题,那就是话说得越多,效果却越小。

对方在听你说话的时候,常常是能听进少量的几句,对于重复过多的大道理,他们很排斥,根本不想去听。结果,你在那里啰唆了一大堆,对方却什么也没听进去。

2. 有理的话,三言两语即可

有道理的话,越短小越有效,通常是三言两句即可。当你向对方讲道理的时候,切忌话不要太多,而需要有理。并不是每个人都不愿意听人讲道理,但是,如果你总是一而再再而三地重复那些老掉牙的事情,相信再好的耐心也被消磨殆尽了。

因此,无论是我们向别人讲道理,还是表达自己的意见,需要记住"话不在多而在理"的道理。

一百句废话也比不上一句妙语

在生活中,不少人做事做得十分漂亮,然而,让他们把自己的想法说一说,却总是说不清楚,或是词不达意,或是泛泛而谈。一个人即使说话滔滔不绝、口若悬河,但对方却面面相觑、不知所云,这就是说话没有逻辑性和针对性。在日常谈判中,我们说话要有逻辑性和针对性,做到一针见血、言简意赅,这样对方才能明白你到底说的是什么,也才不至于在你话语中找到漏洞。古人语:"山不在高,有仙则名;水不在深,有龙则灵。"说话也是如此,话不在多,但一定要有逻辑性、有针对性。在现代如此高速的生活节奏下,没有人愿意花太多的时间来听你的长篇大论。所以,我们在说话的时候,不要绕圈子,不要南辕北辙,而是把话说到点子上,有话则说,长话短说,无话不说,这样才能准确地传达自己的意见,使沟通顺畅地进行。

在日常生活中,我们经常可以看到,有的人总是喋喋不休、滔滔不绝地高谈阔论,但由于其语言缺乏逻辑性和针对性,没有把话说到点子上，所以显得词不达意、语无伦次，让旁边的人听而生厌；还有的人说话毫无逻辑，一会儿说到这里，一会儿又说到了那里，说什么话都不经过仔细思考，显得很没分寸。其实，这样的说话都会事倍功半，不仅达不到沟通的目的，反而会给沟通带来阻碍。

1. *说话要在理*

一句话听上去是否有理，就看这句话是否有逻辑性，一般而言，那些有逻辑性的话语大多能清楚地表达一定的意见。而语言是否有逻辑性，就在于我们能不能清楚地将意思表达出来。因此，说话要有理，利用语言准确、清楚地表达自己的思想，这样，我们思维的逻辑性也将得到提高。

2. *说话要有中心点*

在生活中，我们经常听到一些领导人在说话的时候，一般会采用"一""二""三"，其实，这样分点叙述只是说话逻辑性的一个表象。说话有逻辑，是表明你说话有一个中心，然后你所说的其他话都是围绕这个中心的，没有其他的枝叶。所以，说话之前应该把自己要说什么，先说什么后说什么，重点说什么，都要在脑子里快速地整理好，这样，时间长了，你说话就会观点清晰，富有逻辑性。

该严肃时就要严肃

在生活中,我们都会有这样的感受:那些喜欢笑的人更容易被接近,而若是见到那些表情严肃的人,则会令人退避三舍。那是因为表情严肃的人给人心理一种威慑感,让我们难以接近,即便他言语不温不火,也总给人们一种可怕的感觉,这就是表情传递过来的心理强势。尤其是对于领导者这个特殊身份而言,他们通常是不会随意笑的,太过的笑容会消减他们本身的威慑力。因此,在他们脸上大多时候出现的是一种严肃的表情,这是一副令人敬畏的表情。领导的身份与地位,加上这样一副严肃的表情,就会自然而然地迸发出一种威慑力。

在整个谈判过程中,王经理一直是板着一张脸,表情严肃,话不多,只是简单地说了几句话。作为陪同的下属小张却纳闷了,这王经理向来是一副亲切的笑脸,怎么到了谈判桌上就像换了一个人似的。再看看对方的谈判代表,也是一副严肃的表情,这使得小张将想笑的欲望硬生生地压了下去。虽然,他并不知道为什么大家会变得这样严肃,他只知道如果自己在这时笑出来,那肯定会破坏谈判的气氛,并影响到谈判的最终结果。

谈判结束后,小张随着王经理一起出了门,这时王经理才呼出一口气,露出满脸的笑容。小张有些不解地问:"王总,怎么刚才你不笑,现在出了门却笑呢?"王经理意味深长地说:"你不知道吗?笑容也不是随便就可以展现出来的,尤其是在遇到谈判对手的时候,我们更要保持一副严肃的表情,这样才会给对方一种威慑感。否则,你若是一脸笑容,那定会给对方一种好欺负的感觉,那在谈判中,我们定会吃亏。"哦,原来表情还有这么大的学问,小张恍然大悟。

当我们需要给对方一种威慑感时,那就不要露出笑容,而是保持严肃的表情,这样才能将自己表情所能传递的威慑感传递给对方,使对方感觉到震慑。随意的笑容,不分场合的笑,那只会给对手一种"好欺负"的感觉。所以,在一些特殊的场合,不要随便露出笑容,而是巧用严肃的表情威慑人心。

1. 表情也会造成心理攻势

在日常谈判中,我们要善于通过言语、表情给对方一种心理攻势,这样才能顺势掌控其心理。严肃、威严的表情是相当具有威慑力的,这样的表情不仅仅能掩盖我们内心的真实情绪,而且还可以给对方一种心理上的攻势,令人难以招架。

2. 谈判时,不要随意笑

虽说,爱笑的人运气不会太差,但是,如果一个人整天脸上挂着微笑，就很难给人一种威慑的感觉。相反，人们所感觉到的是亲切与温柔，因为笑容是毫无威胁感的。在生活中，我们并不主张板着一张脸，但在一些特殊情境中，假如我们能摆出一副严肃的表情，定能威慑人心，这是一种心理强势。所以，在实际谈判中，不要随意地笑，我们更需要巧用严肃表情威慑人心。

第八章

动之以情,晓之以理的说服方式

以情动人，以理服人

在与人相处的过程中，情是最能触动人心的，正所谓"欲晓之以理，必先动之以情"。一般情况下，当我们与他人进行谈判的时候，彼此都会产生一种防范心理，双方都不为所动。这时候，你要想说服对方，就需要消除对方的防范心理。从一定程度上说，防范是一种潜意识里的自卫心理，也就是当我们把对方当作假想敌时产生的一种自我保护。而消除对方的这种防范心理最有效的方法就是以情动人，通过那些充满真情的话语使对方感到你是朋友而不是敌人，用真情去瓦解对方筑起来的"防范墙"，继而有效地影响其心理。真情，可以是嘘寒问暖，可以是予以关心，可以是予以帮助等。所以，我们在日常谈判中，要善于用情说话，使对方无法抗拒。

在20世纪80年代初，引滦入津工程因为炸药供应不足，面临停工、延误工期的困难处境。负责这一工程的领导者心急如焚，于是派李连长到东北某化工厂，希望能得到对方的援助。李连长接到任务后,昼夜兼程千余里赶到化工厂供销科,可只得到这样一句答复:眼下没货!于是他连忙找厂长,可无论自己怎么样劝说,厂长始终不为所动,硬邦邦地对他说:"眼下没货,我也无能为力。"

这时,厂长劝李连长不要再磨了,并给他倒了一杯茶水,李连长并不死心,他喝了一口茶,就在这时,他脑袋里突然有了主意,于是开口说道:"这水真甜啊!天津人可是苦啊,喝的是海河槽,各洼淀中集的苦水,不用放茶就是黄的。"这时候,他又一眼瞥见厂长戴的是天津产的手表,于是又说道:"您戴的也是天津表?听说现在全国每二十块表中就有两块是天津产的,每4个人里就有1个用的是天津产的碱,您是办工业的行家,最懂得水与工业的关系。造一辆自行车要用一吨水,造一吨碱要160吨水,造一吨纸要200吨水,引滦入天津,解燃眉之急!没有炸药,工程就得延期……"

李连长的语言很动情,同时也十分有道理。厂长理解了他的急切心情,便与他聊了起来。厂长问:"你是天津人?""不,我是河南人。也许通水时,我也喝不上那滦河水!"经过这一番对话,厂长彻底折服了。只见他抓住电话立即下达命令:"全厂加班3天!"3天后,李连长拉着一车炸药胜利返程了。

李连长无论怎么劝说,厂长都不为所动,眼看自己这一次任务就要面临失败。这时候,聪明的李连长放弃了直接表达想法的方式,他知道自己再说下去,厂长肯定会恼火的,所以,他独辟蹊径,开始借题发挥起来,先是对茶水细细地评价一番,又说到了正在饮用黄水的百姓。然后,他看到了厂长手上所佩戴的天津手表，适时地以手表联系了天津的企业，阐述了水与工业的关系，不仅说得十分动情，而且也很有道理。厂长被折服了，而李连长也顺利完成了任务。

以情动人，这时候情感就会转化为巨大的、永恒的、不可估量的力量，它能化解人与人之间的隔阂，能拉近彼此之间的距离，能感人以肺腑之深。另外，情通则理达，以情"动"人更有助于以理"服"人，让对方更容易接受你的想法和建议。所以，在实际谈判中，当道理说不通的时候，我们就要换个方法，以情动人，更容易成事。

1. 话语中注满真诚

谚语说："真诚贵于珠宝，信实乃人民之珍。"要想自己的话语能够打动对方，就需要在话语里注满真诚，只有真诚才能打动人。

2. 把话说到对方的心里

人都是有感情的，说话能做到动之以情，晓之以理，就是最完美的沟通。在实际谈判中，我们说话时要注意对方的反应，学会从对方的反应中修正自己的话语，尽可能把话说到对方心里。

3. 站在对方的立场说话

如果你在说话时总是想着自己，光顾着自己，这样说出来的话是不会有感情的。因此，我们应该处处为他人着想，让自己站在对方的立场说话，这样说出的话才有感情，才能打动对方。

情理结合，才能说服对方

在实际谈判中，当我们对谈判对手进行说服的时候，不能因为理直而气壮，就用严肃认真、生硬呆板的方式去对人进行劝导。毕竟，每个人都是有自尊心的。当我们用比较严肃的口吻进行劝说的时候，在对方看来，很可能是强制和威胁，那就会给别人带来逆反的心理，我们想要达到的目标也就很难实现了。

战国时期，墨子对一个叫耕柱的学生十分器重，但是却经常责骂他。有一次，墨子又因为一点小过失把耕柱骂了个狗血喷头，耕柱对此感到十分委屈。其他弟子犯错误的时候，墨子甚至连一句重话也不说，怎么偏偏就对他横挑鼻子竖挑眼了呢？难道是因为老师比较偏心吗？耕柱就对墨子说："老师，虽然我的资质比较驽钝，但是做每件事情都是尽心尽力的，为什么您总是要责骂我呢？"

墨子听后，并没有发火，而是耐心地给他解释："假如我现在走在太行山中，依你看，我是应该用快马拉车还是用老牛拖车呢?"耕柱回答说:"当然是用快马拉车了。"墨子又问道:"那么,为什么不选择用老牛拖车呢?"耕柱回答说:"这是因为山路比较崎岖,老牛拖车只能耽误工夫,而快马却是可以担负重任,很快就能到达目的地的。"墨子语重心长地对耕柱说:"你回答得很对。在这些弟子当中,你是最优秀的,而我却经常责骂你,并不是说我不器重你,而实在是因为你是一匹可以担当重任的快马,值得我去教导啊。"墨子一番感人肺腑的话,让耕柱听了备受感动,再也不抱怨师父偏心了。

弟子对受责骂感到十分委屈和不解,墨子耐心地给他解释。在解释之中墨子并没有就干巴巴地去讲一些道理,强行灌输给耕柱,而是娓娓道来,层层分析,最终打动了耕柱,让他了解了师父对他的器重,从而放下了心理包袱。

公元前266年,赵惠文王去世,新君年幼,由他的母亲赵太后摄政。秦国趁赵国新君登基不久,国内动荡之际,派大军大举进攻。为了挽救危机,赵太后决定向齐国求救。齐国答应了赵国的请求,但是前提条件是要赵太后最喜欢的儿子长安君为人质。赵太后不肯答应,大臣们苦口婆心地劝谏都无效。

事关国家安危,触龙就决定再劝赵太后一次。太后怒气冲冲地在门口等着他。触龙见状,就绝口不提长安君的事,而是和她大谈健康养生之类的话题,赵太后对此才缓和了些颜色。

触龙请求赵太后给他的儿子舒祺在御林军中安排一个职务,赵太后爽快地答应了,有些不解地问:"你们男人也心疼自己的小儿子吗?"

触龙说:"是的,比女人还有过之而无不及。"

太后却反驳说:"在这方面你们男人是远远比不过女人的。"

触龙说:"未必如此。其实男人和女人对孩子的爱还是不同的。女人只是一味溺爱,而男人却总能为孩子的将来做打算。"又说:"我觉得,您疼爱燕后的程度远远超过了疼爱长安君。"

赵太后不认同他的观点,但是却示意他继续说下去。

触龙说:"燕后出嫁以后,您每天都在想念着她。但是在您祭祀的时候,却一遍遍地向上苍祈祷不要让她回来。原因不就是为了让她在燕国长期待下去,希望她的儿孙一代代的做燕国的国君吗?"

太后说:"是这样。"

触龙又说:"在赵国,您赐给了长安君很多肥沃的土地,也给了他不少象征国家权力的礼器,我认为这不过是一种溺爱罢了,对长安君的将来并没有任何好处。您看,现在先王的子孙们还有几个保住荣华富贵的?真正疼爱自己的儿子,就要给他建功立业的机会,只有这样才能让他在国内站得住脚。试想,在您百年之后,身无寸功的长安君还能在赵国继续享受荣华富贵吗?我认为您为长安君打算得太短了,因此,我认为您疼爱他不如疼爱燕后。"

太后听了,认为他说的话很在理,就说:"好吧,任凭你指派他吧!"

触龙利用父母喜欢疼爱孩子这一点儿,告诉赵太后疼爱并不等于溺爱的道理。他告诉赵太后,无端地给孩子太多的高官厚禄，只能给他带来杀身之祸。只有让孩子为国家做出一定的贡献，才能有资格让他在赵国站得住脚。触龙用晓之以理、动之以情的方式最终说服了太后，同意将长安君作为齐国的人质，解除了赵国的危机。

晓之以理动之以情就是要做到情理结合，以理服人，以情动人。在生活中，得理不饶人的方法是不可取的。毕竟，人的全部心理活动，都离不开情感的伴随，情感是沟通的桥梁。只有将对方的情感"俘获"，才能达到让对方由衷地对你的意见表示赞同。我们常说的"通情达理"也正是这个意思。

尊重对方其实也是尊重自己

在交际场合,经常听到有人强调"口德"。什么是口德呢?最根本的一点就是在谈话中重视对方的存在,考虑他们的心理感受,在言语上不要刺伤他们的自尊心。我们应该知道,语言是一个人综合素质的外在反映,一个没有口德的人,所讲出的每一句话不仅没有丝毫的吸引力,还会遭到别人的抵触和反对。其实,不仅仅是在交际场合,即便是在谈判场合,我们也更需要注意在语言上彰显自己的尊重意味,不要以为对手就非朋友,言语之间就可以随意。其实,越是在谈判这样的场合,就越需要运用礼貌的语言,给予对手充分的尊重,从而达到拉近彼此之间心理距离的目的。

美国有一位总统,在他庆祝成功连任的时候开放白宫,邀请100多名儿童前来做客,和他们进行亲切的"会谈"。

"您上学时是不是和我们一样,有一个最糟糕的学科,也经常受到老师的批评?"一个叫汤姆的小男孩问总统。总统回答说

"我的品德课不怎么好,因为我在上课的时候经常不注意听讲,喜欢乱说话,干扰了别人的学习。因此老师经常批评我。"

总统的回答,让本来有些拘谨的现场变得十分活跃。

有一个来自洛杉矶贫民区叫露西的小女孩对总统说,她每天去上学的时候都感到十分害怕,因为她不知道在路上会发生什么事,害怕遇到坏人的伤害。

总统听完她的诉说,就收起了笑容,诚恳地对露西说:"我知道现在小朋友过的日子不是特别如意,因为在有关毒品、枪支和绑架等问题的处理上,政府做的是远远不够的。我希望你好好学习科学文化知识,等将来有机会了,参与到国家的正义事业中去。我想,只有我们每个正义的人联合起来和坏人进行毫不妥协的斗争,才能改变不如意的现状,让我们的生活变得更加美好。"

总统的回答让每个小朋友都十分感动,于是就把这位长自己几十岁的老人当成了可以依赖的对象,和他成了"忘年交"。那些在场外的孩子家长们通过电视看到这样的说话场面,也禁不住热泪盈眶,同时感到总统是一个十分亲切的人。

总统对待前来到访的小朋友,没有任何的架子,甚至在说话的时候也不是用一个过来人或者大人的口气,这样就让那些小朋友感受到了尊重和真诚。小朋友们就觉得,总统和他们之间没有任何的距离,两者都是普通人,总统是他们可以亲近可以信赖的"大朋友"。

我们可以从总统对待小朋友的故事中明白这样一个道理:在日常谈判过程中,一定要注意尊重对方。只有给对方以充分的尊重，才能够拉近双方的心理距离，从而顺利地实现思想沟通，让对方从内心里去接受自己。假如在交流过程中，我们用高高在上的姿态、硬邦邦的口气来对待别人的话，那么就会显得我们毫无素养，对方也会因为我们的态度不够尊重而勃然变色，拂袖而去。

1. 记住对方的名字

这种方式通常是用于和陌生人的谈判中。在交际场合中我们经常会遇到一些有过一面之交的人，那么在这个重逢的时候，在你和他谈判的过程中能够给予一个亲切的微笑，准确地叫出他的名字，那么，对方的心里就能有满足感，从而对你充满感激。

2. 给对方一顶高帽

大多数人都有虚荣心和自尊心，都希望自己被别人高看一眼，而不愿意被他人小瞧。那么，这就要求我们在和别人说话的时候，一定要注意用一些适当的语言来抬高一下对方，这样就会让他有一种"惺惺相惜""英雄识英雄"的感慨，从而愿意主动地和你进行交谈。另外，在和年龄、社会地位与我们有着一定差距的人面前，更要注重抬高对方，以免让他有受到冷落的感觉。

3. 不要随便指出对方的错误

别人在言谈之间难免会有一些言辞或者观点上的错误，在这个时候我们没有必要去指责对方的错误，那样的话只会让对方觉得你是在践踏他的尊严，对你产生反感的情绪。在这个时候，你不妨采取沉默的态度，或者是转移到其他话题上去。

4. 学会倾听

谈判是由双方共同完成的事情，假如一个人在那里滔滔不绝唾沫乱飞地唱着独角戏，就会让对方明显感受到冷落，在无法表达个人思想之余就会觉得你无视他的存在，从而会对你的不懂人情世故而产生不满。因此，我们在和别人交谈的时候，一定要留给对方表达思想的空间，并且在对方进行说话的时候要认真地倾听，从而显示出你的诚意来。

话说得太"直",容易伤人

有时候,我们经常会对"表里如一"的成语发生误解,认为正直坦率的人在说话上也同样是直接和坦率的。在许多交际场合中,经常会有人用这种误解来要求和标榜自己,和别人谈话的时候从来不讲究一些技巧和策略,信口开河直言无忌,从来不考虑别人的感受和处境,那么,别人就会对你产生极大的厌恶情绪。尤其是在谈判场合,我们更需要注意语言的委婉和含蓄,如果不小心得罪了对手,那将会在很大程度上影响谈判结局的走向。

有一家大型的外资公司,员工们对公司的待遇都感到十分不满意。公司领导知道这一情况,但是却无动于衷,不愿意去改善员工们的待遇。在这位领导的眼里,这些工作人员都是智力平平之辈,能力上更是乏善可陈,并且对公司也没有认同感,在工作上缺少应有的激情,认为没有必要为他们浪费太多的金钱。当别人对他提出意见的时候,他就说:"我能收容你们就不错了,就你们这样的工作能力和做事态度,哪一个公司也是不会要的。"

工人们的工作热情就更加低落了,经常出现迟到的现象。为了改变这种状况,秘书准备向老板提议改善员工的待遇。他这样对老板说:"现在公司的大部分员工简直是没有办法到公司上班了。"

老板问:"为什么呀?"

秘书说:"坐出租车吧,价钱太贵坐不起;坐公交车吧,又经常挤不上车;而且每月的交通费也是一笔不小的开支,他们根本没有能力解决这一问题。"

秘书说完就叹了口气,一脸无可奈何地看着老板。老板却说:"那就让他们安步当车吧,一文不费,而且可以借此运动身体,不是一个很好的办法吗?"

秘书摇了摇头说:"不行啊,把鞋袜磨破了,他们买不起新的。不如这样吧,请您发出一个告示,提倡光脚走路,号召大家赤脚走路上班,这个问题不就解决了吗?要怪就怪他们生不逢时,生活在这个年代。谁让他们不去想发财的门路,却当苦命的职员?他们坐不起出租车,也不能鞋袜整齐地到公司上班,都是咎由自取!"

这位秘书边说边笑,老板听了心里总感觉不是滋味,最后终于答应改善下属的待遇。

这位秘书并没有直冲冲的去劝说领导改善下属待遇,而是用开玩笑的方式含蓄地进行劝说。在劝说的过程中,他没有说老板的一句不是,而是用嘲笑下属的形式来显示出他们的苦衷。这种语气虽然是开玩笑的，但实质上是在劝说老板不要太苛刻和吝啬，应该照顾一下员工们的生活。这样的方式比较委婉，既没有伤害到老板的面子，又让老板觉察到了自己的过失，从而主动地去改善员工们的待遇。

做人要正直、坦荡这是毋庸置疑的，但是这种良好的道德品质只能体现在为人处事当中，却并不意味着说话的方式过于生硬和直率，也不意味着说话都要直言。毕竟，不恰当的直言相告是对别人的否定，不仅会给别人的心里增加压力，还会让他产生厌恶的情绪。因此，在日常生活中，我们应该尽量避免说话过于直接的方法，用委婉的方式进行巧妙的表达，做到既能告诉对方自己的意见，又避免伤害双方的感情。

1. 间接提示

通过相联系的事件或者道理，"间接"地表达信息。让对方在推理中去感知，从而更好地接受你的意见。

2. 说话要留有余地

说话不要说的过于绝对，以免给对方造成抵触心理，同时也让自己失去回旋的余地。

3. 巧用语言暗示

将一些道理放在与之相类似的、具体的事例之中，从而让对方更好地去领会你所要传达出的信息和要表达的内容。

4. 打话语"擦边球"

不直接切入主题，用打擦边球的形式说一些看似不相干的话,让对方在似有似无的语境中明白你的真实意图。

5. 否定之前先肯定

出现意见分歧的时候,不能粗暴地去全盘否定对方的观点,而是先找出对方合理的内容进行肯定和赞扬,然后用转折句引出下文,提出更合理的意见和建议,以便于让对方愉快地接受。

6. 多用设问句

祈使句往往会显得比较武断和蛮横,让别人觉得你是在高高在上地发布命令。而设问句则是把双方放在了对等的位置,用商量的口吻去探讨问题。因此,后者更容易让人接受。

借助"同理心"取得对方的理解

在实际谈判中,我们会经常为了说服对手、争取对手的理解和支持而煞费苦心。不过,有很多时候苦口婆心的劝说并不能达到我们想要的效果,甚至还会出现南辕北辙、事与愿违的局面。在这个时候,我们就要考虑在说服的方法上是否出现了问题。说服的本身就是做别人的思想工作,它是一个从情感交流到思想转化的过程。要想说服对方并非易事,毕竟每一个人都有自我意识,不可能无缘无故地在思想上受到别人的支配。为了能够有效地和别人在思想上达成共识,在行动中达成一致,那么我们不妨运用"同理心"的方式来进行有效的沟通和交流,从而顺利地达到我们所想要的结果。

有一个青年教师的舅妈犯病了,他想把舅妈接到城里进行治疗。

这天晚上,他早早地下班,回到家里做了一锅红枣饭。妻子回家看到之后,高兴地吃了起来,并问他说:"这么甜的枣市场上是买不到的,你是从哪里弄来的呀?"丈夫回答说是乡下的舅妈托人捎来的。

妻子听了十分感动,说:"舅妈对咱们实在是太好了,年年给咱们送枣来!"丈夫说:"是啊,舅妈真是把我当成亲儿子来养了,我从小就失去了父母,是舅妈含辛茹苦把我拉扯大的,要是没有舅妈,我哪里会有今天啊。"妻子说:"有这样的舅妈,真是咱们的福气,我们一定要好好地孝顺她老人家。"

在这个时候,丈夫停顿了一下,叹了口气说:"我听捎枣的人说,舅妈的关节炎又犯了,我想……"

"那还等什么呀,赶紧接来吧,去医院好好看看,别再让她老人家受苦了。"丈夫的话还没有说完,妻子就把他想说的话给说出来了。

这位青年教师原意是想把舅妈接到城里来看病的,但是又怕妻子不同意,于是,就用"同理心"的方式来进行对妻子的说服。先通过吃红枣饭,忆旧情,让妻子的心里对舅妈产生和他一样的感激之情,在情感和思想上达成初步的共识"要好好孝敬舅妈",之后说出舅妈的病情,从而让妻子说出接舅妈的话。这种说服形式,自然圆满,比那种直接性的表达要高明得多。

有一次,某个机关接到了上级分配的植树任务。机关里的几十名人员都主动报名参加。但是,有几位"老神仙"却有一种"八风吹不动,稳坐安如山"的架势,主任再次对他们进行了动员,可是,他们依然是不愿意接受这项任务,反而和主任打起了哈哈,说什么"年老无力,别给单位添麻烦啦","政治表现的机会还是让给年轻人吧"等，搞的主任十分难堪。

下班之后，主任把这几位"大仙"叫到了办公室，客气地请他们坐下，说道："其实对这次的植树任务我也是不愿意接受的，但是上面有命令，又不能不听。如果和上面对着干的话，不仅咱们单位不能评奖评优，甚至连年底的奖金都要给我们打折扣。我现在是在请你们帮一下忙，如果没有你们几个的参与，这次的任务就完不成，咱们年底的奖金也就要泡汤了。"几位"神仙"听说这件事和年底的奖金相挂钩的时候，就再也强硬不起来了，纷纷表示："主任，你放心吧，这次我们绝不会拖单位后腿的！""我们一定尽心尽力完成这项任务，绝不能因为我们而影响单位的形象。"说完之后，就各自回去领取了属于自己的任务。

在说服别人的时候，每个人都会觉得自己是有"理"的，但是，如果这个"理"无法取得别人的认同，也就失去了任何作用。只有让双方都接受的道理才是真正的道理。有了"同理心"才能让你的说服达到应有的效果，心甘情愿地听从你的意见，按照你的想法去做事。

1. 同理心，就是站在对方的角度看问题

假如我们在说服别人的时候用比较生硬的方式，或者是自视高人一等，用指点迷津般的口气对别人进行指指点点，那么就永远不可能取得说服的效果，反而会加剧双方的矛盾，让对方对你产生厌恶和排斥的情绪。在说服的过程中，如果你能用同理心为跳板，因势利导地解开对方思想的扭结，那么你离成功也就越来越近了。

2. 表达一些常识性的观点，引起对方的认同

我们应该知道，尽管每个人的性格、爱好、习惯、修养等各方面是各不相同的，但是在一些大方向的认知上都存在着相同之处。比如工作量太大会导致疲惫，喝酒太多会给身体带来疾病等。我们需要做的，就是以这些常识性的东西为媒介，进行个人表达，获得对方的认同，在达成共识的基础之上进行更进一步的说服，最终取得想要的结果。

第九章

以退为进的说服策略

强势一点也许可以迫使对方让步

在某些场合,为了达到说服对方的目的,我们需要适时运用强势的语言表达一种坚定的立场,迫使对方听命于我们。虽然,在日常交际场合,我们并不提倡用强势的语言,因为这或多或少会给对方造成一定的伤害。但是,在一些特殊的场合,比如谈判场合,就需要运用强势的语风。俗话说:"商场如战场。"谁利用语言占据了上风,谁就会成为最后的大赢家。这时候,强势的语言会成为一种巨大的力量,它会向对方施加一定的压力,迫使对方妥协,最终达到自己的目的。所以,在一些比较特别的场合,我们可以运用强势的语言,迫使对方听命于自己。

日本一家著名的汽车公司在美国刚刚"登陆"时,急需找一家美国代理商来为其销售产品,以弥补他们不了解美国市场的缺陷。当日本汽车公司准备与美国的一家公司就这个问题进行谈判时,不料日本公司的谈判代表因路上塞车迟到了。

美国公司的代表紧抓住这件事不放,想要以此为手段获取更多的优惠条件。日本公司的代表发现无路可退，于是站起来说："我们非常抱歉耽误了你的时间，不过，这绝非我们的本意，我们对美国的交通状况了解不足，所以导致了这个不愉快的结果，我希望我们不要再为这个无所谓的问题耽误宝贵的时间了。假如因为这件事怀疑到我们合作的诚意，那么，我们只好结束这次谈判。我认为，就我们所提出的优惠代理条件是不会在美国找不到合作伙伴的。"

日本代表的一席话说得美国代理商哑口无言，美国人也不想失去这次赚钱的机会，于是谈判顺利地进行下去了。

谈判过程中的适时强势就是通过语言或行为来表达己方强硬的姿态，从而获得对方必要的尊重，并借以制造心理优势，促使谈判顺利地进行下去。当然，我们在使用这一谈判策略的时候，一定要谨慎，假如在谈判开始就想办法显示自己的实力，使谈判一开始就处于剑拔弩张的气氛中，那会给整个谈判带来不利的影响。当我们需要使用强势的语言时，是在发现谈判对手在刻意制造低调气氛，而这种气氛对己方的谈判十分不利的情况下。假如不把这种气氛扭转过来，那将会损失自己的利益。

在很多时候，人们好像误解了"强势语言"这一说法。于是，他们对于别人的事情都要强势过问，说话语气也很强势，口头禅经常是"你错了""我跟你说"，或者在说话时喜欢用食指戳着对方，总想教导对方，不管对方听不听，等等。其实，这样的行为只能表现出你是一个强势的人，不会真正地使对方服从于你。真正强势的语言是巧用"坚定的语调、逼人的语气"，呈现出强势的态度。

那如何才能让语言彰显出一种强势的力量呢？

1. 长话短说

我们在进行语言表达的时候，尽可能"长话短说"，只需要把自己的意见表达清楚即可，无须在那里啰唆，一旦你说得太多，就有可能会消减"强势"的语风。比如"在这个问题上，没有什么可商量的"。

2. 强硬的语调

为了增添强势的语风，我们需要使用"咄咄逼人"的语调，向对方施加一定的压力，影响其心理，迫使对方作出让步，最终达到自己的目的。

3. 毋庸置疑的语调

当我们在阐述自己的意见或想法的时候，需要运用毋庸置疑的语气，坚定自己的立场，这样的语言表达方式自然令对方感受到压力，不得不服从于我们。

针对不同的对象说不同的话

"以谬制谬",也就是面对谈判对手的谬论,我们用跟对方同样荒谬的言语进行反击,这同样也能达到制服对方的目的。用简单的话来说,也就是当对方说出错误的言论时,不要去纠正他,而是顺着对方的错误言论,推出错误的结果。一旦结果呈现在对方面前时,对方的错误言论也就不攻自破了。这种辩论方法的巧妙之处在于,是对方主动开口承认自己的言语是错误的,对论敌来说,无疑是自己打自己的耳光。当然,正因为如此巧妙,才会在辩论中发挥出强有力的作用,让对方没有办法还击,只能哑口无言。

楚庄王钟爱一匹马,这匹马穿的是华丽锦缎,住的是华丽房屋,睡的是床铺,吃的是切好的干枣。后来这匹马死了,楚庄王决定用棺椁装殓它,以大夫的礼仪来替它风光大葬。大臣们议论纷纷,都认为楚庄王的做法很不妥。楚庄王不听众人的劝解,说谁敢再为葬马的事情劝说他,就要杀头,群臣都不敢再劝了。

这时,楚国的乐官优孟大哭着走了进来。楚庄王奇怪他为什么哭,优孟回答说:"这匹马是大王最喜欢的,就凭楚国这样大的国家,有什么事情办不到?大王却只用大夫的礼仪来安葬宝马,太不够档次了,大王应该改用人君的礼仪来葬马。"楚庄王问:"怎么样用人君的礼仪葬马呢?"优孟说:"臣请求大王用雕饰过的玉做棺材,派甲士挖穴,让老人和孩子背土。齐、赵两国陪侍在前面,韩、魏两国护卫在后面。庙堂祭祀用太牢为祭品,封给万户大的地方作为它的奉邑。"

听到这里,楚庄王已经默认这样的方式好像太过分了,优孟见时机已经成熟,便下结论说:"诸侯听到了这件事,都知道大王您轻视人而重视马。"楚庄王一听,马上说:"寡人的过错竟到了这种地步吗?太不可思议了,我该怎么办呢?"优孟笑着说:"请大王将这匹马当作一匹普通的牲畜来埋葬吧,在地上挖个土灶,用铜铸的大鼎作为棺材,赏赐给它姜枣,再用木兰树的皮铺在棺材里,用粳米做祭品,用大火炖煮,将它埋葬在人的肠胃里。"楚庄王觉得优孟说的话在理,于是叫人把马交给了宫里主管膳食的官员。

楚庄王要给马办丧事,这本来就是很荒唐的,而将马的葬礼办得跟大夫的葬礼一样简直就是胡闹。但在楚庄王自己看来却不觉得有什么过错,因为他太爱那匹马了。面对楚庄王如此的决定,大臣们如何好反驳呢?这时优孟先不指出楚庄王的错误,而是顺着他的想法,推理出一系列结论,让楚庄王意识到自己的想法是荒谬的,而优孟则达到了"以谬制谬"的目的。

我们在使用"以谬制谬"这种谈判说服方式时，应需要注意哪些问题呢？

1. 必须确认对方的言论是"谬"的

以谬制谬的方式只针对对方的言论是谬的，假如你明明知道对方的言论是正确的，还使用这种方法，那无疑就是给自己难堪，因为你所推理出来的结论会证明你的言论是错误的。

2. 采用以退为进的辩论

即便发现对方的言论是极其荒谬的。也不需要说破，而是先假设对方观点是合理的，然后将对方貌似合理的论点加以引申，推出一个明显错误的谬论。以其人之道还治其人之身，有力地驳倒对方的观点，这样的反击才是大快人心的。

要抓住对方的命门

中国人历来相信事在人为,几乎所有的事情都是人做出来的,因此,人与人相处,要以人为主。不过,若非理念相同,人们之间很容易产生"道不同,不相为谋"的隔阂。可问题是,那不同的理念又来自哪里呢?无非是一个人的性格使然,因彼此之间的性格、脾气不同,所以才会产生不同的想法和办事性格。然而,每个人的性格都是有心理软肋的,也就是说存在一些性格缺点。基于这样的道理,在实际谈判中,假如我们想要操纵一个人的心理,不妨先了解其性格,再通过对其心理软肋进行攻势,便能达到操纵他人心理的目的。

赤壁大战之后,曹操败走。对于曹操的逃亡路线,诸葛亮料事如神,料定曹操一定会走乌林,取道荆州,由华容道回许昌,结果真的是这样。

对于诸葛亮猜测的正确,人们大多会说诸葛亮料事如神,神鬼莫测,还会作法借风,差不多是鬼神之道,难以揣测。实际上也没这么玄乎，他的神奇也是有章可循的。对曹操逃亡路线的准确猜测，诸葛亮是基于两个方面：一是对地形的熟悉；二就是对曹操性格的了解。特别是料定曹操走华容道，假如仅仅从地形角度考虑，就会得出相反的结论。这是对曹操性格的准确了解，诸葛亮才作出这一判断的。

看过《三国演义》的人都知道，曹操的性格弱点是多疑。当时，摆在他面前的是两条路：一条是宽敞的大路；一条是崎岖的华容小道，华容道不是一般的难行，需要伐木叠桥。而且远远地看见华容道的高山之处有烟火，就好像有伏兵埋伏。不过，曹操多疑，他认为那是诸葛亮故意搞鬼，放烟火吓人，真正的伏兵是藏在大道旁，最终，因狐疑的性格，他选择了走华容道。从这里可以看出，诸葛亮对曹操狐疑的性格可以说是了如指掌。

说到三国，我们不得不说一个因性格缺陷而死的人物——周瑜。俗话说："性格决定命运。"人们在关键时刻所做的决策往往是由其性格所决定的，而其决策则促成其命运。周瑜不聪明吗？火烧赤壁退百万曹兵，可算是一代奇才，不过，他眼里终究容不下一个诸葛亮。如果说周瑜是诸葛亮害死的，否也。那是他自己的性格软肋害死了自己，诸葛亮只是起到了推波助澜的作用，最终，其性格弱点导致了自己的死亡。

怎样给人留下良好印象

在谈判桌上，如何让对方牢牢地记住你，那就是我们要给对方留下一个深刻的印象。一个人的形象魅力大多体现在印象中，印象也就是两人相见所留在脑海里的影像，是通过对他人衣着、谈吐、风度等方面的观察后做出的评价。虽然有时候，外在的形象作为评判人的依据是举足轻重的，但这往往只是继续交往的根据。简而言之，能否给对方留下深刻的印象，让对方牢牢地记住自己，将决定着你是否能赢得他人的好感，从而获得成功的基础。一旦对方记住了你，对以后他对你的评价有着良好的基础和定向作用，因为人们具有保持认知平衡与情感平衡的心理作用，他们更倾向于使后来获得的信息的意义与已经建立起来的观念保持一致；而人们对后来获得的信息的理解，往往是按照之前脑海里所记住的印象来完成的。因此，在谈判桌上，我们要学会给对方留下一个良好的印象，让对方牢牢地记住自己。

阿东是公司的公关部经理，曾出席过上千次谈判，为公司做成了不少生意。不过，阿东非常看重一个人的第一印象。

在一次商务洽谈之前，阿东已经浏览过谈判对方的简历，高学历、出色的工作履历让阿东对这个阅人无数的经理也心动了。还没有见到那个人，阿东已经给他打了很高的分数，甚至，为了见见这位颇有好感的谈判对手，本来休假的阿东主动请缨去参加此次的谈判。

这天中午，在约定的酒店里，阿东见到了那位谈判对手，只见他身穿浅黄色的衬衣和灰色西裤，头发有些凌乱，胡须也没有修剪。这样的形象顿时让阿东大跌眼镜，这和想象中的样子差距也太大了吧。在阿东的指引下，谈判对手在对面坐了下来，这正值盛夏季节，一股怪味扑鼻而来，阿东寻找源头，竟发现是对面那个人身上发出来的。阿东仔细打量，发现对方身上本来穿的是一件白色的衬衣，但由于汗渍长期的积累而泛出了黄色，就连深色的西裤也依稀看到汗渍和油污。这时，阿东心中的好感已经荡然无存，简单地聊了几句就结束了谈判，并决定了不再跟这个人谈下去。如果想要继续合作，那必须请对方公司派出另外的谈判代表。

虽然，我们常对自己说"不要以貌取人"，但几乎所有的人都无法做到这一点，而且，很多人习惯在初次见面就以貌取人。所以，在谈判桌上，我们的服饰、发型、手势、声调和语言等自我表达时刻都在影响着他人对你的判断，不管我们愿意与否，我们都在留给对方关于自己的印象。有的人认为自己有实力，只要自己能力强，口才好，肯定会赢得谈判对手的信任，其实并不是这样。一旦自己与他人能力差不多，表现也都出色的时候，你所展现在人前的印象就显得特别重要。

那么，怎么样才能给人留下良好的印象呢？

1. 外表装饰

虽然一个人的相貌是自己无法决定的，但服饰却是完全取决于自己。俗话说："三分长相，七分打扮。"我们的服饰装扮需要遵循整洁、得体、自然的原则。另外，还需要注意细节修饰。有的人穿名牌衬衫，但从不熨烫，有的人脚穿名牌皮鞋但从不擦干净，这些都会让你的完美形象大打折扣。

2. 行为举止

一个人的动作常常令他的气质、性格表达得淋漓尽致，粗俗的行为总是令人生厌的。这就要求我们注意自己的行为举止，待人接物面带微笑，注意分寸和距离，尤其是与异性交往，举止不可轻浮，以避免不必要的误会。

3. 得体的语言

初次与人见面，特别是在一些正式应酬场合，不要随便说"哎哟""噢"之类的感叹词，这些词说多了会令人生厌。说话之前要思考，不要信口开河。否则容易给人一种不诚实、不认真的感觉。另外，我们要准确、清楚地表达自己的意见，在语言表达过程中，避免使用粗俗的话语，避免尖刻、损人的言词，也不要抬高自己而故意贬低他人。

引导对方自己说服自己

在日常谈判中,假如对方有的地方存在问题,你仅仅是提出建议,让对方发现自己的问题的所在,从而通过思考来改变出现的问题。这样既帮对方解决了问题,还让别人拥有了一种成就感,何乐而不为呢?这样既达到了谈判成功的目的,又很好地维护了他人的自尊心,从而增强他的成就感和自豪感。

在谈判过程中,当我们发现对方的决策、意见不妥当的时候,不妨向他人提出一些建议、忠告。最高明的技巧是既提出自己的见解能够让他人采纳,又能让他觉得这个见解其实是他自己的想法。其实就是让人毫不察觉地把自己的想法传达给他的大脑,并使之接受。要让对方觉得正确结论是他自己得出来的,不是直接去点破错误、失误之所在,而是用征询意见的方式,向他人讲明其决策、意见本身与实际情况不相吻合,使他人在参考你所提出的许多意见时,自己得出你想要说出的正确结论。这样一来,我们仅仅提出意见,就能使他人得出正确想法,我们也会因为他人正确的决策而受益,他人也会因为这个想法是他自己的而自豪不已。

　　赫斯特年轻的时候,在旧金山开了一家规模比较小的报社。一次,适逢著名漫画家纳斯特来到旧金山,赫斯特就想请他帮助自己完成一个非常重要的计划:为了保险起见,他想发动人们督促电车公司在电车前面装上保险杠。而这需要纳斯特按他的构思给他画一幅漫画,可纳斯特替他画的第一幅画却令他不满意。纳斯特是著名的漫画家,自己又很难说动他,如何才能让纳斯特心甘情愿地为他重画一幅漫画呢?

　　一天晚上,在他们共用晚餐时,赫斯特大大夸赞了那幅漫画。接下来,赫斯特又说:"这里的电车已经造成许多孩子或死或残。有时候,我觉得那些开车的司机就像吃人的妖精一样,根本不像人。他们好像从来不会思考,总是直接冲向那些在街上玩耍的孩子们。"纳斯特立即跳了起来,惊讶地嚷道:"天啊,先生,我保证可以画出一张出色的漫画,请把原来的那张撕掉吧,我重新再画一张。"

　　于是,纳斯特回到宾馆后兴高采烈地挥舞着画笔,按赫斯特提供的思路,一直忙到深夜。第二天,他果然送来了可使电车公司屈服的杰作。

　　纳斯特是在赫斯特的巧妙诱导下主动请求重画的,还按照赫斯特的想法辛苦了大半夜,重新画了一幅漫画。在纳斯特自己想来,他甚至以为是自己无意中有了一个绝妙的构思。聪明的赫斯特就是这样不动声色地用这种暗示的方法把自己的思路放入纳斯特的头脑中去的。每个人总是尽可能地去表达自己的思想,如果你想让他愉快地接受你的意见和计划，最好是让他觉得这一切都是自己的想法，相信一切都源自他们自己的创作，而不是按照他人的思路。不露痕迹地把自己的思想植入他人的脑中，使得他完全心甘情愿地为你效力，最后他还会以为这个想法是他自己的。

戴尔·卡耐基曾经说过："如果你仅仅是提出建议，而让别人自己去得出结论，让他觉得这个想法是他自己的，这样不更聪明吗？"有关社会学家的研究成果已经表明，人们对于自己得出的看法，往往比别人给的看法更加坚定不移。因此，我们要想使自己的想法被别人接受，在许多时候应该仅仅是提出建议，仅仅提供意见，其中所蕴涵着的结论，最后留给别人自己去得出。而不宜越俎代庖，硬把自己的意见往别人头脑里塞。让他人觉得正确结论是他自己得出的，可以说是我们向他人提出意见的最高艺术。它将所表达的意见，用巧妙的形式表现出来。

孙子云："不战而屈人之兵。"孙子认为，能够百战百胜，还不算是最高明的将帅；只有不战而使敌人屈服，那才称得上是高明中之最高明者。同样的道理，在谈判中以智取胜：巧妙地提出自己的观点，让对方发现问题，并通过思考来解决出现的问题，让他人觉得那个想法是他自己的。这就是既容易达到谈判的目的，又会最大限度地保护了他人的自尊心。

怎样巧妙说服对方

在实际谈判中，我们想要与对方达成一致的协议，而且，这个协议是有利于自己的，那我们首先应该做的是说服对方。其实，在口才的技巧里有许多关于如何说服人的策略，不过，在这里我们所说的是借力说服，顺风托势，巧妙说服对方，这样会让我们在说服对方的过程中事半功倍。在谈判过程中，我们想要说服对方，一个人的力量往往是单薄的，假如巧妙地利用外力，也就是借力说服，则可以达到事半功倍的效果。借力说服的方法，所指的是我们在进行说服过程的时候，为了让自己的说服更加有效更有力，那就需要借助外界的力量，以此来造成一种说服声势或压力，以增强说服力。运用借力说服的方法来进行说服，可以强化说服的力度，可以起到顺风托势、借势用力的效果。

在说服对手的过程中，要想有效地说服对方，单单靠平淡的几句话是远远不够的，在这样的情况下，唯有借助于一定的典型事例，借助于名人的威望，借助于科学的知识，借助于社会的舆论，借助于对手自身的心理、情感以及利益的需求等多种力量，这样才能增添说服色彩，增强说服气势和效果。

有一家洗发水公司的经理正与合作伙伴进行商业洽谈，这时候在抽检中却发现有分量不足的产品，而洽谈的另一方趁机以此为筹码不依不饶地讨价还价，这位经理微笑着娓娓道来："美国一专门为空降部队伞兵生产降落伞的军工厂，产品不合格率为万分之一，也就意味着一万名士兵将有一个在降落伞质量缺陷上牺牲，这是军方所不能接受和容忍的，他们在抽检产品时，让军工厂主要负责人亲自跳伞。据说从那以后，合格率为百分百。如果你们提货后能将那瓶分量不足的洗发水赠送给我，我将与公司负责人一同分享，这可是我公司成立八年以来首次碰到使用免费洗发水的好机会哟。"几句话一说完，那合作伙伴当即微笑颔首。

经理并没有直接拒绝合作伙伴的要求，而是借用了一个类似的故事，巧言拒绝了对方的要求。这样婉转的拒绝方式不仅转移了对方的视线，而且还在话语中阐述了自己的理由，使对方叹服。

其实，不仅仅是在实际谈判中才有借力说服的例子，即便是在生活中也有这样类似的例子。在前几年上海某报刊登出一条新闻："正广和"汽水瓶中，竟然发现了一只死老鼠。顿时，这则新闻就好像一声炸雷，使得"正广和"陷入了空前的危机之中。该厂的领导十分重视，通过认真分析，检查问题出在哪里。最后得出的结论是老鼠根本不可能在生产过程中进入汽水瓶。面对这样的情况，厂领导觉得直接由厂方出面解释可能达不到什么效果,而应该抓住这个新闻事件,巧妙吸引新闻媒介了解并报道产品工艺过程,经过对自己厂部的参观、了解,让所有的新闻媒介信服,老鼠是不可能在生产过程中钻入瓶子的,只能是在顾客打开瓶子之后钻入的。顿时,各大新闻媒体大幅度地报道了记者们的所见所闻,结果,这样不仅消除了顾客的担心,还宣传了自己公司产品的优良品质,扩大了自己公司的影响。

1. 所借之事要成为有力的论据

我们需要说服对方的论点必须要有有力的论据支撑,那我们所借之事则要成为有力的论据。也就是说,我们想要说服什么,那我们所借用的典型事例就足以说明这一切。假如我们想要说服的是一件事情,而列举的是另外一件事,那就会造成南辕北辙的情况,自然也就无法说服对方。

2. 尽可能地借一切能凭借的事例

一个论点最终形成是需要多个论据支撑,因此,当我们在表达一个论点的时候,需要尽可能地借一切能凭借的事例,如名人威望。名人效应,是指名人的出现能起到引人注意、强化事物、扩大影响的效应。名人效应已经在我们日常生活中的方方面面都产生了深远的影响。